Psalms of Exodus for 40 Days of QT
위대한 일을 시작하는 사람을 위하여

시편형식의
큐티 흩어읽기

저자_샬롬 김

기둥이 나무 없이 불타고
물기둥이 수직으로 흐르며
는 여호와 전능의 하나님

가슴이 비전으로 불타고
눈물이 감동으로 흐르면
그는 여호와 전능의 하나님

세
계기
다 내게
속하였나니
너희가 내 말을
잘 듣고 내 언약을
지키면 너희는 모든
민족 중에서 내게
내 소유
제사장 나라가
거룩한 백성
이스라엘 자손에게 전할지니라 출애굽 19:5-6
너는 이 말을

Loving Touch

Psalms of Exodus

Copyright © 2018 by Shalom Kim
Requests for information should be addressed to:
Author Contact: Shalom Kim Ph.D.
1-213-926-3425
E-mail: dr.shalom@gmail.com
334 N. Atlantic Bl. #103 Alhambra, CA 91801

Jesus Loving Touch Press
Printed in Korea

Korean version published 2018. 12. 24
Author-Rev. Shalom Kim Ph.D.
Editorial and publication-Jesus Loving Touch Press

Publication registration
25100-2016-000073(2014.2.25.)
367-13(B02), Seongsan-ro, Seodaemun-gu,
Seoul, Korea
010-3088-0191/ E-mail: pjesson02@naver.com

PSALMS OF EXODUS for 40 Days of QT
위대한 일을 시작하는 사람들을 위하여

시편형식의
큐티 출애굽기

위대한 일을 시작하시는

_____ 님께

_____ 드림

_____ 년 ___ 월 ___ 일 ___ 요일

서언

출애굽 시편: 묵상하는 이들을 위하여

아주 오래전의 일이었다. 주님께 무엇인가 드리고 싶었는데 가진 것이 없었다. 그래서 시편 기자들이 시로 영광 돌렸던 것과 같은 것을 할 수 있기를 기도했었다. 물론 이 시대에 내가 내가 꿈꿀 수 없는 것이었고, 몇 해가 바뀌어도 이루어 지는 것 같지 않았기에 지쳐서 기도를 멈추고 잊었었다. 그런데 몇 년 전부터 출애굽기를 묵상하면 시편 형태의 시들이 노트에 적히기 시작했다. 이른 아침에 서둘러 출애굽기 한 장을 읽고 기도하고 묵상하면 만나처럼 시적 영감이 왔고 급하게 묵상 노트에 기록했었다. 물론 이 시적 영감은 계시와는 다른 것이고, 기록된 시들은 성경의 시편과 비교할 것은 당연히 아니다. 다만 주님께 기쁨을 드리고 싶은 작은 열망을 겸손히 그러나 간절하게 담았을 뿐이다.

감사: 영광을 위하여

최근에 나는 사명으로 받은 것들을 정돈하여 몇 권의 책으로 출판하려 집중하고 있었다. 그런 와중에 금식기도에 대한 감동을 받았다. 그리고 금식 가운데 다른 책들에 앞서 찬미의 시들을 받기 원하신다는 감동을 또한 받았다.

그래서 지난 몇 년간 썼던 묵상 노트를 뒤적여 보았다. 놀랍게도 출애굽기를 묵상한 후에 시편형식으로 쓴 글들이 많았다. 왜 하필 출애굽기만 묵상하면 이런 시들이 쓰여졌던 것일까? 그것은 주님께서 내게 주신 비전 그리고 사명과 연관된다는 것을 알기에 **큰 감사를 주님께** 드리지 않을 수 없었다.

출애굽기: 자기 버전의 출애굽, 위대한 일을 시작하는 이들을 위하여

출애굽기는 구약의 복음서와 같은 책으로, 창세기, 복음서, 계시록의 비밀들과 밀접한 연결을 가지고 구원에 관한 깊은 비밀을 알게 해 준다. 워낙 긴박하고 흥미진진한 시대에 대한 증언이고, 그에 담긴 영적 비밀들이 많다.

출애굽기는 위대한 프로젝트를 앞 두고 기도하며, 마침내 그것을 이루어 내는 하나님과 모세, 그리고 그 주변의 이야기이다. 그래서 새로운 일을 시작하려는 사람들에게 출애굽기는 힘과 용기, 지혜를 준다.

<u>**이 시편들을 각자 버전의 출애굽, 위대한 일을 시작하는 이들에게 바친다.**</u>

읽는 법과 기도, 그리고 감사

이 시편형식의 시들은 출애굽기 각장을 읽고 얻은 영감들이 기록되어 있다. 그러므로 먼저 기도하고, 성경 출애굽기 한 장을 먼저 읽고, 혼자의 묵상 시간을 가진 후, 해당하는 날의 시들을 읽으면 좋을 것이다. 그리고 자신의 노트에 받은 감동과 도전을 적고 감사와 다짐의 기도를 드리고, 그 삶을 완성하라.

언젠가 여기에 쓰인 시들이 뮤지컬로 살아나고, 세계의 사람들이 각자 버전의 출애굽의 비전을 받을 것을 비전으로 본다. 첫 시, 뮤지컬 엑소더스는 뮤지컬 감독에게, 각자의 삶을 주인공과 감독으로 살아가는 모든 독자들에게 드리는 감독 노트이다. 물론 총감독은 주님이시다.

그간 눈물의 기도와 긴 기다림과 아낌없는 지원을 베풀어 주신 부모님과 형제들, 가족들과 스승들과 동료들, 멘토들과 멘티들, 출판사 배수영 박사님과 주은미 디자이너님께, 그리고 함께 하실 독자들께 깊은 감사를 드린다. 샬롬

목 차

OVERVIEW : 뮤지컬, 엑소더스-감독 노트

1
출애굽은 아브라함에게 미리 선포하셨던 언약과 비전을
완성하시는 하나님의 사명과 사랑에 관한 이야기라.

출애굽은 혼자 탈출을 했던 모세가 하나님을 만나고
이스라엘을 출애굽 시켜 하나님을 만나게 한 이야기라

출애굽은 환란 속의 이스라엘이 노예에서 부르심 받고
홍해를 건너 성전을 건축하여 예배자로 서는 이야기라.

출애굽은 교만하던 바로와 애굽이 어떻게 반항하였으며
그들의 죄악이 어떠한 심판을 받는 것에 관한 이야기라.

출애굽은 애굽이 오늘도 우리 삶 속에서 어찌 활개치며
그대가 어떻게 역경을 딛고 멋지게 승리하는 이야기라.

출애굽은 간절히 기도하는 그대가 하나님의 비전을 받고
승리자로, 예배자로, 지도자로 세상을 이끄는 이야기라.

출애굽은 고난 속의 비전, 고통 속의 기도, 눈물 속의 용서,
피를 통한 회복, 승리 속의 환희, 감사 속의 예배 이야기라.

2
하여 이야기가 전개될 삶의 입구와 출구를 둘로 나누되
둘이 만나지 못하게 하여 다른 신분을 경험하게 할지니라.

삶의 입구에서는 애굽 관리들의 영접을 받되 채찍과 겸하여 받고
삶 속에서 때로 히브리인으로, 애굽인으로 참여하게 할 것이며

삶의 출구에서는 성전 제사장들의 환영을 받되 축복을 겸하여 받고
그들이 노예로 들어갔다가 예배자로 나오는 것을 경험케 할 것이라.

배역을 확정할 때까지 원하는 배역을 열심히 추구하도록 하고
삶의 무대는 혼돈과 고통을 지나, 성숙과 승리가 있게 할 것이며

삶 속의 배우들은 어색함이 없이 자기 배역을 감당하도록 하되
모든 역할이 중요한 것과 예배 드리는 모두가 주인공임을 알게 하며

삶의 마지막 장면은 성막과 성소가 열리고, 지성소가 열리며
모든 배우와 관객들이 하나님의 임재를 직접 보게 할 것이라.

출애굽은 고난 속의 비전, 고통 속의 기도, 눈물 속의 용서,
피를 통한 회복, 승리 속의 환희, 감사 속의 예배의 이야기라.

PRELUDE : 출애굽 서곡

1
에덴의 시작은 아담과 이브, 두 명.
하나님께서 그들에게 복주시고,
생육하고, 번성하고 땅에 충만하라
땅을 정복하라, 모든 생물을 다스리라 하셨노라.

출에덴 이후, 노아로 새롭게 시작된 인류,
그 중 아브라함으로 새롭게 시작된 민족,
그 중 애굽에서 새롭게 시작한 이스라엘은
야곱의 허리에서 나온 70명이었노라, 셀라.*

*셀라 Selah 는 하나님께 드리는 기도와 찬양시에서만 사용된 히브리 말로 시편
에서 71회, 하박국서에서 3회 쓰였다. 아멘, 드높이다와 같은 의미를 가지고
있다고 추론되고, 언급한 말의 내용에 대한 강렬함, 간절함을 강조하고, 동시
에 시적 리듬을 주기 위하여 쓰였다.

출애굽 1:12-13 그러나 학대를 받을수록 더욱 번성하여 퍼져나가니
애굽 사람이 이스라엘 자손으로 말미암아 근심하여
이스라엘 자손에게 일을 엄하게 시켜

2
하나님의 지혜는 사랑에서 나왔으니, 받은 복은
그들이 하늘의 별, 바다의 모래처럼 번성하는 것.
그러한 마침내 이스라엘이 생육하고 번성하여
매우 강하여 애굽 온 땅에 가득하게 되었노라.

바로의 지혜는 근심에서 나왔으니
이스라엘이 대적과 합하여 싸우지 못하게 하고
이스라엘이 괴로운 노동으로 죽어가게 하는 것.
하여 산파들에 명하여 남아들을 죽이라 하였노라, 셀라.

3
산파의 지혜는 경외에서 나왔으니
죽음을 무릅쓰고 남아들을 살리는 것.
하여 하나님께서 산파에게 은혜를 베푸시니
그가 또한 산파를 살리시고, 집을 흥왕케 하셨노라.

하나님께서 산파를 통하여 남아들에게 복을 주시니
이스라엘이 더욱 번성하고 강하게 하셨나이다.
그러나 바로가 명하여 남아들을 나일 강에 던지라 하니
이스라엘이 더욱 근심하여 강하게 부르짖었노라, 셀라

출애굽 1:21 그 산파들은 하나님을 경외하였으므로
하나님이 그들의 집안을 흥왕하게 하신지라

요게벳의 노래

1
생전 10개월 너는 내 태 속에서 춤추고
생후 100일 너를 내 품 속에 감추었도다.
자랑스런 아들, 자랑할 수 없는 운명.

너의 수려한 모습이 큰 기쁨일 수록
너의 우렁찬 목소리는 큰 근심이었도다.
사랑스런 아들, 사랑할 수 없는 운명.

갈 때를 재촉하는 너와 나의 울음 소리,
갈대 상자*에 역청과 나무 진을 섞고
나의 피눈물과 젖을 짜서 섞어 발랐도다.

100일 후, 너는 방주*의 항해사가 되었도다.
100년 간 역청을 발라 지은 노아의 방주를
1000년 전에 구하신 여호와께 너를 맡겼도다, 셀라.

*원어는 테바로 방주와 상자를 뜻한다.

출애굽 2:2-3 그 여자가 임신하여 아들을 낳으니 그가 잘 생긴 것을 보고 석 달 동안 그를 숨겼으나 더 숨길 수 없게 되매 그를 위하여 갈대 상자를 가져다가 역청과 나무 진을 칠하고 아기를 거기 담아 나일 강 가 갈대 사이에 두고

2
찬양할지라, 전능하신 하나님의 지략을!
너를 살리사 애굽 공주의 아들이 되게 하시고
나를 살리사 나로 너의 유모가 되게 하셨도다.

기억하라, 나일에 갈대 상자를 띄운 피눈물들을!
너처럼 돌아오지 못하고 울부짖던 핏덩이들을!
나처럼 품지 못한 품과 주지 못한 젖의 절규를!

기억하라, 너를 물에서 건지신 여호와의 손을!
기억하라, 너를 광야에 보내신 여호와의 뜻을!
기억하라, 젖과 꿀의 가나안, 여호와의 비전을!

여호와, 그가 너를 부르사 능력을 채우시리라.
하나님, 그가 너를 보내사 백성을 건지시리라.
전능자, 그가 너를 붙드사 비전을 이루시리라, 셀라

출애굽 2:9 바로의 딸이 그에게 이르되 이 아기를 데려다가
나를 위하여 젖을 먹이라. 내가 그 삯을 주리라

청소년 모세

내 현재는 애굽 공주 아들의 칭송이
내 과거는 유대 노예 부모의 찬송이

내 머리엔 애굽 궁전 왕실의 웅변들이
내 뇌리엔 유대 부모 통곡의 기도들이

내 귓가엔 애굽 궁전의 비범한 음악이
내 귀속엔 유대 노예의 비통한 신음이

내 육체엔 애굽 왕실의 화려한 사치가
내 영혼엔 유대 노예의 비참한 상처가

내 낮엔 애굽 궁전에서 몰려 오는 선물들
내 밤엔 혼돈 고독으로 혼자 우는 눈물들

출애굽 2:10 그 아이가 자라매 바로의 딸에게로 데려가니 그의 아들이 되니라
그가 그 이름을 모세라 하여 가로되 이는 내가 그를 물에서 건져 내었음이라 하였더라

도망자 모세

장성하여 한 일은 품 속에 어머니의 기도를 기억한 것.
히브리 노예의 아픔 속에 하나님의 언약을 기억한 것.

히브리인을 치는 애굽 사람을 치고 모래에 묻은 것 .
히브리 반역자가 되어 미디안 광야 모래에 숨은 것.

갈대 방주를 타고 나일강에 흐르며 운명을 모르던 나.
그때 지팡이 하나로 사막을 걸으며 운명을 모르던 나.

도도히 흐르는 나일강 강물, 그 목숨의 갈림길에서,
하나님, 여호와를 불렀다. 400년간 응답 없는 이름을.

끝없이 펼쳐진 미디안 광야, 그 운명의 갈림길에서,
하나님, 여호와를 불렀다. 40년간 응답 없는 이름을.

출애굽 2:15 바로가 이 일을 듣고 모세를 죽이고자 하여 찾는지라
모세가 바로의 낯을 피하여 미디안 땅에 머물며 하루는 우물 곁에 앉았더라

저건 뭐지?

눈을 뜨면
여기 광야, 마른 언덕과 풀을 찾는 양들…
눈을 감으면
저기 젖과 꿀의 언덕과 꿈을 찾는 이들…

눈을 뜨면
귓가에 맴도는 익숙하게 낯선 바람.
눈을 감으면
가슴을 후비는 야속하게 날 선 바람.

바람에 부친 내 기도들,
이제는 지친 내 바램들.

어제도
10년 전에도
20년 전에도
30년 전에도
40년 전에도
바람과 함께 사라진 것들뿐.

출애굽 3:1 모세가 그의 장인 미디안 제사장 이드로의 양 떼를 치더니
그 떼를 광야 서쪽으로 인도하여 하나님의 산 호렙에 이르매

이제
나의 일부가 되어 버린 이 광야
나의 전부가 되어 버린 저 양떼

양들의 울음 소리에 묻혀간
불타던 내 젊음, 속 타던 내 설움이여.
바람의 노래 소리에 묻혀간
불타던 내 열망, 속 타던 내 절망이여.

이제
까맣게 재가 된
하얗게 잊혀 진
눈을 감으면 보이는 것들…
눈을 감아야 보이는 것들…

그런데
눈을 떠도 보이는 저기 저건?
불타 재가 되지 않는 저건?
다 타 사라지지 않는 저건?
저건 뭐지?

나는 불타는 나무

1
주께서 내게 오셔서 내 불꽃이 되기까지
나는 셀 수없이 많은 언덕에
셀 필요 없이 많은 나무 중 하나에 불과했다.
지나치는 태양의 불꽃 황혼에 혼자 취했을 뿐!
내가 불꽃이 되리라고 상상하지 못했다.

주께서 내게 오셔서 내 노래가 되기까지
나는 셀 수없이 많은 언덕에
셀 필요 없이 많은 나무 중 하나에 불과했다.
지나치는 바람의 휘파람을 혼자 들었을 뿐!
내가 목소리를 내리라고 상상하지 못했다.

출애굽 3:4 여호와께서 그가 보려고 돌이켜 오는 것을 보신지라
하나님이 떨기나무 가운데서 그를 불러 이르시되,
모세야, 모세야, 하시매 그가 이르되, 내가 여기 있나이다.

2
다른 나무들은
잘라지고 죽어 말라진 후에
눕혀져 불꽃이 되지만,
나는 산채로, 선채로 불꽃이 되었다.
주께서 나의 불꽃인 것을!

다른 나무들은
갈라지며 죽어 불타며
타닥거리며 소리 내어 노래하지만
나는 목없이 입없이 노래를 한다.
주께서 나의 노래인 것을!

3
그대는 불탈 준비가 되었는가?
연기 없는 뜨거움을 견딜 수 있겠는가?
그대는 누구를 위해 불타고 싶은가?
산 채로, 선 채로 불타는 모순이 기쁠 때까지!
누군가 와서 헌 신을 벗을 때까지!

그대는 노래할 준비가 되었는가?
연기가 아닌 진리를 살 수 있겠는가?
그대는 누구를 위해 노래하고 싶은가?
목 없이, 입 없이 노래하는 모습이 기쁠 때까지!
누군가 와서 헌신을 드릴 때까지!

그대가 나를 통해 비전을 볼 때까지

1
나는 불타는 떨기나무
온몸에 불이 붙었지만 사라지지 않은
오늘도 그리 타지만, 살라지지 않는
그대를 위해 타기에, 사라질 수 없는

나는 불타는 떨기나무
그대가 나를 통해 비전을 볼 때까지
그대가 나를 통해 사명을 살 때까지

2
나는 불타는 떨기나무
그대가 그를 보고, 그의 음성을 들을 때까지
그대가 그와 그리고 그대가 누구인지 알 때까지
그대가 그대를 벗고, 그의 능력을 입을 때까지

나는 불타는 떨기나무
그대가 나를 통해 비전을 볼 때까지
그대가 나를 통해 반전을 살 때까지

출애굽 3:2 *여호와의 사자가*
떨기나무 가운데로부터 나오는 불꽃 안에서 그에게 나타나시니라. 그
가 보니 떨기나무에 불이 붙었으나 그 떨기나무가 사라지지 아니하는지라.

3
나는 불타는 떨기나무
나는 불타며 얼마나 뜨겁고, 목 마려운지
나는 속타며 얼마나 신음하며 울부짖는지
그댄 언제까지 이 장면을 보고만 있을 것인지

나는 불타는 떨기나무
그대가 나를 통해 비전을 볼 때까지
그대가 나를 통해 사명을 살 때까지

4
나는 불타는 떨기나무
나를 통해 사라지지 않는 영원을 볼 때까지
나를 통해 다시 밤이 없는 나라를 볼 때까지
나를 통해 생명 잎새를, 생명 열매를 볼 때까지

나는 불타는 떨기나무
그대가 나를 통해 비전을 볼 때까지
그대가 나를 통해 반전을 살 때까지

신발 벗기

1
그대 앞에서 신발을 벗습니다.
신의 이곳저곳이 더럽혀져
정결한 그대에게 함께 갈 수 없기 때문입니다.
나에겐 고맙고 정든 신발이지만 벗어야 합니다.
벗어야 그대 복음의 평안의 신을 신기 때문입니다, 셀라.

2
그대 앞에서 야망을 벗습니다.
야망의 이곳 저곳이 더럽혀져
정결한 그대에게 함께 갈 수 없기 때문입니다.
나에겐 고맙고 정든 야망이지만 벗어야 합니다.
벗어야 그대 아름다운 비전을 입기 때문입니다, 셀라

출애굽 3:5 *하나님이 이르시되 이리로 가까이 오지 말라*
네가 선 곳은 거룩한 땅이니 네 발에서 신을 벗으라

3
그대 앞에서 내 성품을 벗습니다.
성품의 이곳저곳이 더럽혀져
정결한 그대에게 함께 갈 수 없기 때문입니다.
나에겐 고맙고 정든 성품이지만 벗어야 합니다.
벗어야 그대 성품에 참예하기 때문입니다, 셀라

4
언젠가 그대 앞에서 몸을 벗을 것입니다.
몸의 이곳저곳이 더럽혀져
정결한 그대에게 함께 갈 수 없기 때문입니다.
나에겐 고맙고 정든 몸이지만 벗어야 합니다.
벗어야 그대 영화로운 몸을 입기 때문입니다, 셀라

베드로후서 1:4 이로써 그 보배롭고 지극히 큰 약속을 우리에게 주사 이 약속으로 말미암아 너희가 정욕 때문에 세상에서 썩어질 것을 피하여 신성한 성품에 참여하는 자가 되게 하려 하셨느니라

내가 누구이기에 이렇게

1
내가 누구입니까?

내가 아는 나는 출생부터 잘못된 사람
태어나지 말았어야 하는 사람
태어나자마자 죽었어야 하는 사람
행하는 모두가 오해를 받는 사람
잘하고도 욕먹는 사람
사는 것이 사는 것이 아닌 사람

내가 누구입니까?

내가 아는 나는 살인한 사람
이방 광야에서 남의 양을 치는 사람
이제 젊음도, 힘도 없는 사람
이젠 모든 희망을 버린 비탄한 사람
누구도 살릴 수 없이 죽어가는 사람
사는 것이 사는 것이 아닌 사람

출애굽 3:11 모세가 하나님께 아뢰되 내가 누구이기에 바로에게 가며
이스라엘 자손을 애굽에서 인도하여 내리이까

2
내가 아는 너는

내가 선택한 예비한 사람
불같은 연단으로 정금같은 사람
내가 함께 있기를 기뻐하는 사람
인간적 욕망을 다 내려놓은 사람
이제 새 일을 위하여 준비된 사람
이제 새 힘과 권능으로 일할 사람

내가 아는 너는

이스라엘을 구할 비전의 사람
나를 대신하여 진리를 선포할 사람
내가 이름으로 아는 사람
홍해를 가르고 백성을 인도할 사람
호렙산에 올라 나를 예배할 사람
구주의 길을 율법으로 예비할 사람

스바냐 3:17 너의 하나님 여호와가 너의 가운데에 계시니 그는 구원을 베푸실 전능자이시라 그가 너로 말미암아 기쁨을 이기지 못하시며 너를 잠잠히 사랑하시며 너로 말미암아 즐거이 부르며 기뻐하시리라 하리라

당신은 누구시길래 이렇게

당신의 이름은?

당신은 나의 이름을 아시지만
나는 당신의 이름을 모릅니다.

당신은 이스라엘의 고생함을 보았지만
이스라엘은 당신의 고상함을 모릅니다.

당신은 이 산에 수고로이 내려오셨지만
이스라엘은 사사로이 오를 수 없습니다.

당신은 모든 권능을 다 가지고 계시지만
이스라엘은 어떤 능력도 갖추지 않습니다.

당신은 누구십니까?
당신의 이름은 무엇입니까, 셀라.

출애굽 3:9 이제 가라 이스라엘 자손의 부르짖음이 내게 달하고 애굽 사람이
그들을 괴롭히는 학대도 내가 보았으니
출애굽 3:13 그들이 내게 묻기를 그의 이름이 무엇이냐 하리니
내가 무엇이라고 그들에게 말하리이까

나의 이름은?

이제 내가 너와 너의 백성과 함께 있으리라.
이제 내가 너에게 권능으로 함께 있으리라.

그때 내가 너의 조상과 함께했던 것과 같이
이제 내가 너의 후손과 함께 할 것이라.

이제 네가 애굽에 가고, 바로에게 가겠거니와
그때 네가 홍해를 건너고 호렙을 오를 것이라.

네가 남의 전을 건축하고, 남의 양을 쳤으나
네가 남의 전을 받겠고, 남의 양을 받을 것이라.

나의 이름은 스스로 있는 자.
내가 너희를 스스로 있게 할 것이라, 셀라.

출애굽 3:14 하나님이 모세에게 이르시되 나는 스스로 있는 자이니라

트랜스포머 지팡이

1
출애굽을 인도하신 주의 노종 모세께는
기적적인 각종 장비들을 많이 주셨지.

하지만 우리에게는 던지면 뱀이 되고
꼬리를 잡으면 다시 지팡이가 되는
트랜스포머 지팡이가 없어.

손을 품에 넣으면 나병이 생기고
다시 손을 넣으면 병이 낫는
폼 나는 매직 품이 없어.

떠온 물을 땅에 부으면
피가 되게 할 원더 물도,
터리픽한 피도 없어.

말을 어눌하게 하니
억울해도 억울하다
말할 스웩* 말발도 없어.

*Transformer, 변형로봇, 변화시키는 사람, Form 꼴, Terrific 굉장한,
Swag 탈취품, 상대를 제압하는 자신만의 재능을 뜻한다.

출애굽 4:2 여호와께서 그에게 이르시되 네 손에 있는 것이 무엇이냐
그가 이르되 지팡이니이다

2
그럼 젊은 우리는 무엇으로
우리의 출애굽을 완성할 것인가?

모세에게 주신 것이 우리에게 없지만
우리에게 주신 것이 우리에게 있어
기적적인 장비를 주신 대신
우리로 기적이 되라 하시네.

비전을 향해 여행하는 이에게
의지할 지팡이가 되어주는 것.

외롭고 괴로운 이에게
마음의 나병을 치료할
따뜻한 품이 되어주는 것.

긴 여행에 목마른 이에게 물이 되고,
수혈이 필요한 자에게 피가 되어주는 것.

주님께 나의 답답한 마음을 드리면
주께서 내게 정답을 주실뿐 아니라
내 삶에 정답의 주이심에 감사.

3
중요한 것은
우리 버전의 출애굽 비전을 주셨다는 것.
우리 기준의 출애굽 기적을 주셨다는 것.

처음부터 우리가 할 수 있어 서가 아니라
마지막까지 그가 하실 수 있으므로 가능하다는 것.

더 중요한 것은
성령의 은사로 기적을 행하는 것뿐 아니라
성령의 열매로 기적이 되는 것.

그렇게
하나님 형상 영역의 출애굽을 완성하면서
하나님 나라 영역의 출애굽을 완결하는 것.

그렇게 우리 버전의 비전을 완성한 후
누군가의 비전이 되는 것.

저 요즘 좀 힘들어요

1.
저 요즘 좀 힘들어요.

내가 분신처럼 의지했던 것들이
나를 돕기는커녕 나를 물으려는 듯 대들고,
내 몸 이곳저곳이 아프고
내 삶의 환경이 썩은 피처럼 변하고
하나님도 멀리만 계신다고 야속하게 생각했는데
요즘에는 나를 가만히 놔두지를 않으시는 느낌.

모두 나를 못 잡아먹어 안달인 것 같아요.
너무 힘들어 어찌해야 할지 모르겠어요.
나는 어떻게 해야 하나요?

출애굽 4:24 모세가 길을 가다가 숙소에 있을 때에
여호와께서 그를 만나사 그를 죽이려 하신지라

2.
내가 네 고통을 보았고, 네 신음을 들었노라.
네가 아직 어리고 연약할 때
네가 의지했던 지팡이가 변하여 뱀이 되었고
네 몸에 문둥병이 들었고
네 마시던 물이 피로 변하였고
너는 죽을 뻔하였지.
너는 그것들이 네게 온 뜻을 이해하지 못하였노라, 셀라.

그러나 네가 알 것은
뱀으로 변한 지팡이는 너를 물게 하려 함이 아니고
몸의 문둥병은 너를 치려 함이 아니고
피로 변한 물은 네가 마실 것이 아니었으며
네가 죽을 뻔한 것은 너의 두려움이 너를 삼킨 것이라.
내가 너와 함께 하기를 기뻐하였으나
네가 죽음의 공포로 도망한 것이라, 셀라.

그러나 네가 알 것은
이 모든 것이 네가 사용할 능력을 주기 위함이었노라.
뱀으로 변한 네 지팡이가 네 대적을 삼킬 것이며
문둥병이 보물의 문들을 열 것이며
피로 변하는 물들이 네 길이 될 것이라.
내가 얍복 강가에서 야곱을 강하게 함과 같이
너와 씨름하여 너를 강하게 할 것이라, 셀라.

출애굽 5:22 모세가 여호와께 돌아와서 아뢰되
주여 어찌하여 이 백성이 학대를 당하게 하셨나이까 어찌하여 나를 보내셨나이까

3.
또한, 네가 알 것은 누구든지
진리의 사랑을 떠나고
사랑의 진리를 떠나면
그 뱀이 도로 너를 물것이며
문둥병이 너를 뒤덮을 것이며
핏물이 너를 덮을 것이라.
나는 너의 대적이 되리라, 셀라.

또한, 네가 알 것은 누구든지
진리의 사랑에 머물고
사랑의 진리를 나누는 자에게

나는 여호와 닛시,
  뱀에서 네게 승리를 주며
나는 여호와 라파,
  병에서 네게 치유를 주며
나는 여호와 이레,
  삶에서 네게 공급이 되며

출애굽 6:9 모세가 이스라엘 자손에게 전하나 그들이
마음의 상함과 가혹한 노역으로 말미암아 모세의 말을 듣지 아니하였더라

출애굽 비용

1
자, 출애굽을 해야 한다.
자, 계획하고 계산해보자.

우선 이스라엘 백성들을 설득해야 한다.
그들에게 출애굽을 하자고 동의를 얻어야 한다.

바로를 설득해야 한다.
그에게 출애굽을 하게 해달라고 허락을 얻어야 한다.

그런데 말이 이스라엘 백성이지
남자만 60만, 그들을 어떻게 설득하지?

말이 애굽의 바로 한 명이지
그에게 나가려면 그전에 만나서 설득할 사람의 수가...

그런데 여기까지 드는 비용은 우리 목숨이다.
사느냐 죽느냐 이다.

출애굽 5:9 그 사람들의 노동을 무겁게 함으로 수고롭게 하여
그들로 거짓말을 듣지 않게 하라

2
바로? 바로는 바로 말도 안 되는 소리라고 노동만 더 힘들게 했다.
바로를 똑 바로 설득했다고 치자.
이젠 이사비용을 생각해야 한다.

지름길로 가면 한 40일이면 간다.
그런데 여자와 아이들을 포함한 200만 명이 움직이는 것이니까
그들이 40일간 먹을 양식과 잠자리를 확보해야 한다.
200만 곱하기 하루 세끼 곱하기 40일.
200만 곱하기 각자가 자는데 필요한 면적.
200만 곱하기 각자가 필요한 물의 양.

노예 생활을 한 사람들에게
이것을 확보할 돈이 어디 있지?

그런데 여기까지 성공했다고 하자.
가나안 땅에 200만 명이 거하려면
땅과 집과 샘들과 목초지들과 농경지들을 어떻게 구하지?

3
200만이 자는데 필요한 집의 수?
200만이 먹는데 필요한 샘의 수?
200만이 먹고 사는데 필요한 농경지와 목초지의 면적?
이것의 구매 비용?
이것을 구매하기 위하여 필요한 분담 세금은?

광야 생활을 한 사람들에게 이것을 확보할 돈이 어디 있지?
지난 한 달 간은 겨우 먹고 살았는데.
만약 돈이 아니고 전쟁을 통하여 그것을 빼앗으려면
과연 전쟁을 해보지 않은 이스라엘 백성들이 승리할 확률은?
광야에서 겨우 연명한 이들이 무슨 힘으로 싸울 것이며,
그들이 자기 집에서 잘 먹고 살던 용맹한 자들과 싸워 승리할 확률은?

아, 무기를 먼저 사야 하겠지. 무기의 비용은 얼마?
다 부모, 처, 자식이 있는데 누구를 전쟁터로 보내지?
만약 그들이 죽는다면 그들에 대한 보상 비용은 얼마로 해야 하지?
이스라엘 백성들이 돈이 없다면 그 돈은 누가 지불하지?
책임자인 모세가 해야지, 그렇지?

그런데 모세는 장인 이드로 집에서 빈대로 살던 빈털터리라던데.

4
자, 이젠 결단의 시간 모든 것이 확실하지.
더 이상 망설일 필요가 없지.

출애굽, 말이야 좋지만, 말이 돼야 말이지.

그냥 잊어버려.
출애굽, 이거 발을 들여놓는 순간
애굽 천국 끝, 광야 지옥 시작.

자, 출애굽은 하지 말아야 한다.

그래 솔직하게 말하자

1.
그래 솔직하게 말하자.

하나님께서 출애굽을 하라고
사흘 길을 가서 마음 놓고, 목청껏, 목놓아
예배를 드리라고 말씀을 하셨고
그 말씀은 이스라엘의 비전이 되었다.

노역에 지친 노예의 사슬을 끊을 수 있는 비전!
뱀의 문신을 새기던 채찍을 끊을 수 있는 비전!

2
하지만 출애굽 비전이 강렬할수록
더 강력해진 노동과 더 큰 절망,
더 깊어지고 많아진 채찍 문신들,
더 드세게 조여오는 뱀의 분신들.

출애굽의 달콤함을 꿈을 꿀수록
바로의 채찍은 현란하게 춤추고,
늘어난 벽돌에 필요한 짚은 없고
늘어난 부담에 붙잡을 확신이 없고,

출애굽 5:7 너희는 백성에게 다시는 벽돌에 쓸 짚을 전과 같이 주지 말고
그들이 가서 스스로 짚을 줍게 하라

3
무거운 벽돌의 무게 만큼
무서운 마음은 흔들리고,
매서운 채찍에 떠는 눈은
보이지 않는 여호와 대신
보이는 지푸라기를 찾는다.

출애굽의 비전은 가슴이 떨리게 했지만
다가오는 사명은 목숨이 떨리게 하고
가혹해진 노동은 다리가 떨리게 한다.

4
그래서 솔직하게 생각한다.
출애굽 이거, 하나님께서 주신 비전 맞아?
우리 버전의 출애굽 이거, 하나님께서 주신 비전 맞아?
이런 상황에서 출애굽 한 사람 있어?
그냥 비전은 비전으로 꿈꾸고 그렇게 끝내면 안 돼?
이것을 꼭 사명으로 삼고, 꼭 이루어야 해?

그래서 솔직하게 생각한다.
출애굽 이거, 하나님께서 주신 비전 맞아!
우리 버전의 출애굽 이거, 하나님께서 주신 비전 맞아!
이런 상황에서 출애굽 한 사람 있어!
그냥 비전은 비전으로 꿈꾸고 그렇게 끝내면 안 돼!
이것을 꼭 사명으로 삼고, 꼭 이루어야 해!

그대의 입술은 달콤하여

1
그대의 입술은 달콤하여
보기만 해도 기쁨이고
그 목소리만 들어도
나를 감동하게 하지만
나의 입술은 그렇지 못하나이다, 셀라.

그대의 입술은 아름다워
사막에 불타던 나무 같던 나를 살렸지만
나의 입술은 둔하여
사막에 불타던 나무 같던 그들을 더 살랐을 뿐.

그대의 입술은 나의 상처를 기쁘게 하지만,
나의 입술은 그들의 상처를 깊게 할 뿐입니다, 셀라.

출애굽 6:12 모세가 여호와 앞에 아뢰어 이르되 이스라엘 자손도
내 말을 듣지 아니하였거든 바로가 어찌 들으리이까 나는 입이 둔한 자니이다

2
그럴수록 그들은 괴롭고, 나는 외롭고,
그들이 내게 신음하니, 나는 그대에게 신원할 뿐.

그대는 나 하나만 감동시키면 되지만,
나는 그들 모두를 변화시켜야 하지만,
나의 동족도 나를 듣지 않는데
어찌 바로가 나를 듣겠나이까, 셀라.

세상엔 겹겹이 넘어야할 흑암의 산들,
사방엔 당당히 이겨야할 흑암의 신들.

그대의 입술은 달콤하여
보기만 해도 가슴 떨리고
그 목소리만 들어도 나를 변화시키지만
나의 입술은 그렇지 못하나이다, 셀라.

3
오호라,
나는 입술이 둔한 자이옵니다. 셀라.

언제 내 입술이 그대처럼 아름다워
언약이 비전이 되고
비전이 사명이 되고
사명이 능력이 되고
능력이 자유가 되어
빛이 있으라 하면 있고
빚을 사하면 사해지겠나이까?

마음의 출애굽이 이루어져야
마을의 출애굽을 이룰 텐데…

모두들 바로를 닮아 정죄하려 할 뿐
누구도 마음에 담아 순종하려 하지 않네.

4
오호라,
나는 입술이 둔한 자이옵니다, 셀라.

어찌하여야
그대 입술을 내 입술에 닿게 할 수 있습니까?

어찌하여야
그대 입술을 내 입술에 담게 할 수 있습니까?

어찌하여야
그대 입술을 내 입술이 닮게 할 수 있습니까?

그는 여호와, 비전의 하나님

1
전능자 하나님을 두려워하면 주가 높이시고
권력자 바로왕을 두려워하면 주가 낮추신다.

땀과 눈물을 흘리는 비천한 영혼이 꿈꾸는
젖과 꿀이 흐르는 비전의 영토, 꿈의 가나안.

400년 간절한 기도의 출애굽, 하나님의 비전,
400년 간악한 시도의 애굽, 바로의 즉각 반전.

요셉을 알지 못하는 바로가 자유없는 노예로 만들게 했고,
하나님을 알지 못하는 바로는 짚없이 벽돌을 만들게 했다.

이제나저제나 찾던 주님을 만난 기쁜 상황,
이곳저곳에서 짚을 찾아야 하는 슬픈 당황.

하나님의 비전은 거짓이 되는 듯하고
바로왕의 도전은 거침이 없는 듯하다.

400년의 노역보다 더 길어진 노력.
400년의 신음보다 더 깊어진 시름.

출애굽 6:8 내가 아브라함과 이삭과 야곱에게 주기로 맹세한 땅으로 너희를
인도하고 그 땅을 너희에게 주어 기업을 삼게 하리라 나는 여호와라 하셨다 하라

2
애굽의 채찍이 더 깊게 파고 들수록
출애굽의 비전은 더 높게 퍼져 나간다.

바로가 이스라엘을 더 큰 수고로 학대할수록
이스라엘은 여호와의 구원을 학수고대 한다.

백성이 바로의 악한 입을 두려워하고
모세가 자신의 둔한 입을 어려워하나

하나님의 입은 하나님의 선한 비전을 말하시며
하나님의 일은 하나님의 강한 손길로 하시나니

얄팍한 술사의 술수를 파하시는 전능자,
강퍅한 바로의 마음을 꺾으시는 하나님.

미래의 비전을 아브라함에게 미리 주시고
모세를 통해 현실에 실현시키시는 하나님.

그때 그에게 주는 여호와, 비전의 하나님,
오늘 나에게 주는 여호와, 전능의 하나님.

기적, 우리에게는 생소, 하나님께는 사소

1
기적은
우리에게는 생소한 것.
하나님께는 사소한 것.

Impossible 세상이 가능치 않다 쓴 것을
I'm possible 나는 가능하다고 읽는 것.
믿는 자에게 능치 못함이 없는 것.

God is no where 하나님은 어디에도 없다고 쓴 것을
God is now here 하나님은 지금 여기 계시다고 읽는 것.
제자들과 비전의 시작부터 사명의 끝날까지 함께 하시는 것.

Stressed Life 스트레스에 찌든 삶이라고 쓴 것을
Life's Desserts 삶에 깃든 디저트들이라고 뒤집어 읽는 것.
험악한 세상을 역류하며 달콤한 보화를 찾아 가는 것.

기적은
세상이 쓴 글을 하나님의 진리로 바꿔 주는 것
세상의 쓴 맛을 하나님의 향으로 바꿔 주는 것

기적은
하나님의 신으로 세상에 다시 서는 것
하나님의 능으로 인생을 다시 사는 것

출애굽 7:9 바로가 너희에게 이르기를 너희는 이적을 보이라 하거든
너는 아론에게 말하기를 너의 지팡이를 들어서 바로 앞에 던지라 하라
그것이 뱀이 되리라

2
기적은
누구에게는 재앙, 누구에게는 축복
누구에게는 종말, 누구에게는 시작

지팡이가 뱀이 되고
물이 7일간 피가 되고
물에서 개구리가 나오고
티끌이 이가 되고

파리 떼가 애굽만 덮고
애굽의 가축들만 돌림병으로 죽고
먼지가 애굽의 가축에만 종기가 되고

애굽의 하늘에 천둥과 우박과 불이 내리고
동풍에 메뚜기 떼가 몰려오고
애굽의 하늘에만 3일간 흑암이 오고
애굽의 모든 장자들만 죽을 때

기적은
하나님의 뜻이 하늘에서 이루어짐 같이
우리의 뜻 되어 땅에서도 이루어지는 것.

기적은
하나님의 대적인 내가 변하여
하나님의 순적한 삶을 사는 것.

애굽 술사의 고백

1
나도 해봤다.
나도 했다.
내 지팡이가 뱀이 되었다.

그런데 모세의 뱀이 내 뱀을 삼켰다.
그리고 그가 뱀을 집자 다시 지팡이로 되었다.

에이, 비싼 지팡이를 잃어버렸다.

2
나도 해봤다.
나도 했다.
나일강 물이 피가 되었다.

그런데 내가 만든 피가
마실 물을 없애고, 물고기를 죽여 버렸다.

새 우물을 파느라 죽을 뻔했다.

출애굽 8:18 요술사들도 자기 요술로 그같이 행하여
이를 생기게 하려 하였으나 못 하였고 이가 사람과 가축에게 생긴지라

3
나도 해봤다.
나도 했다.
개구리를 만들었다.

그런데 내가 만든 개구리가
애굽을 더 썩게 하고 악취가 나게 했다.

괜히 만들었다.

4
나도 해봤다.
그런데...
어, 안되네.

왜 안되지?
개구리도 만들었는데 왜 이가 안되지?

나의 무능력이 이로 득실한 애굽엔 이득이 되었다.

5
나도 해봤다.
어떤 것은 나도 했다.
나 정도만 되도 왕궁에서 떵떵거리고 사는데…

갑자기 비천한 모세와 아론이 나타나
갑자기 비범한 왕국의 능력을 선보이다니…

값싼 지팡이에 당한 것이라 더 쪽팔린다.

6
들어보니 모세가
광야에서 자신의 무능력을 인정했을 때
하나님이 모세의 능력이 되어주셨단다.

최고의 신을 모르면서 자만한 것이 문제였다.
내 모든 무능력으로 전능자, 하나님을 만나고,

그것이 나의 유일한 능력이었어야 했다.

7
나는 몰랐다.
내가 믿었던 신이 나를 배신하고,
내 능력이 결국 나를 죽이는데 사용되었다는 것을…

온전한 것을 알지 못한 자의
슬픔에 부르짖는 신음이
하나님을 부르는 신호라는 것을…

그때라도 하나님께 나갔어야 했다.

8
노예는 노래하는데, 애굽은 애곡한다.
노예는 은금을 훔치는데 애굽은 눈물을 훔친다.

노예는 홍해를 지나 기쁨의 눈물로 춤추고
애굽은 홍해 깊은 물속에서 죽음을 춤춘다.

무릎을 꿇고 그 앞에 고백한다
"이는 하나님의 권능이니이다." (출애굽 8:19)

출애굽 12:35 이스라엘 자손이 모세의 말대로 하여
애굽 사람에게 은금 패물과 의복을 구하매

7에 3을 더하거나 곱하여도

1

출애굽 9:6 이튿날에 여호와께서 이 일을 행하시니 애굽의 모든 가축은
　　　죽었으나 **이스라엘 자손의 가축은 하나도 죽지 아니한지라**
출애굽 9:26 이스라엘 자손들이 있는 그 곳 고센 땅에는 우박이 없었더라
출애굽 9:34 바로가 비와 우박과 우렛소리가 그친 것을 보고
　　　다시 범죄하여 마음을 완악하게 하니
　　　그와 그의 신하가 꼭 같더라

"노예들의 신인 주제에 애굽의 가축이 무슨 죄가 있다고 죽이고,
악성 종양이 나게 하고, 우박과 메뚜기로 농작물 다 죽였는데
이스라엘은 괜찮다고? 이런 젠장…"

그렇게 그들이
7 재앙에 3재앙을 더하여 주어도 회개치 아니하는 도다, 셀라.

2

계시록 8:7 *첫째 천사가 나팔을 부니 피 섞인 우박과 불이 나와서 땅에 쏟아지매 땅의 삼분의 일이 타 버리고 수목의 삼분의 일도 타 버리고…*

계시록 16:10 -11 *또 다섯째 천사가 그 대접을 짐승의 왕좌에 쏟으니 그 나라가 곧 어두워지며 사람들이 아파서 자기 혀를 깨물고 아픈 것과 종기로 말미암아 하늘의 하나님을 비방하고 그들의 행위를 회개하지 아니하더라*

애굽에 내린 열 가지 재앙보다
더 강력한 재앙이 바벨론에 오는 것을 보고
행위를 돌이키는 자는 복 있을진저.

그러나 그들이
7 재앙을 3번을 곱하여 주어도 회개치 아니하는 도다, 셀라.

흑암이 죽음의 징조가 되지 않게

1
하늘에 태양이 뜨는 것이 당연한 것이 아니요,
낮에 빛이 있는 것이 당연한 것이 아니라.

그의 은혜가 없으면 애굽 바로의 낮은 삼 일의 흑암이요.
그의 은혜가 있으면 이스라엘의 밤은 불기둥 광명이요.
그의 은혜가 있으면 여호수아의 밤도 승리의 빛이라.
메뚜기가 올 때 다가올 흑암을 방지하는 이는 복될진저.

출애굽 10:22-23 모세가 하늘을 향하여 손을 내밀매 흑암이 삼 일 동안
애굽 온 땅에 있어서 온 이스라엘 자손들이 거주하는 곳에는 빛이 있었더라

2
하나님께서 빛이 신 것이 당연한 것이요,
예수님께서 빛이 신 것이 당연한 것이라.

30년의 빛이 이스라엘에 있었으나 사람들이 몰라 본 것이요.
3일간 빛이 이 땅을 떠나니 음부에서 그 빛을 보았노라.
이 흑암이 죽음의 징조가 되지 않게 하는 이는 복될진저.
눈앞이 캄캄하고 앞이 보이지 않을 때 빛으로 나오는 이는 복될진저.

여호수아 10:12 여호수아가 태양아 너는 기브온 위에 머무르라
달아 너도 아얄론 골짜기에서 그리할지어다 하매
베드로전서 3:19 그가 또한 영으로 가서 옥에 있는 영들에게 선포하시니라

3
하나님께서 빛이 신 것이 당연한 것이요,
태양이 필요치 않은 것이 당연한 것이라.

태초에 빛이 있었으니 그 빛은 창조된 것이 아니라
하나님의 영광에서 자연스럽게 흘러나온 것이라.
첫 날에 빛이 있으라 하시니 빛이 있었으니
이 빛은 창조하신 것이요, 태양으로 함이 아니시라.

창세기 1:3 하나님이 이르시되 빛이 있으라 하시니 빛이 있었고
창세기 1:4 빛이 하나님이 보시기에 좋았더라 하나님이 빛과 어둠을 나누사
창세기 1:5 하나님이 빛을 낮이라 부르시고 어둠을 밤이라 부르시니라 저녁이 되고
아침이 되니 이는 첫째 날이니라

4
새 예루살렘이 빛나는 것은 당연한 것이요,
태양으로 하지 않는 것이 당연한 것이라.

그 곳은 하나님의 영광으로 빛나며
예수님께서 등대처럼 빛나는 곳이라.
첫날 이전의 흑암이 더 없으며
다시 밤이 없겠고 영원한 광명만 있으리라

계시록 21:23 그 성은 해나 달의 비침이 쓸 데 없으니 이는 하나님의 영광이
비치고 어린 양이 그 등불이 되심이라
계시록 22:5 다시 밤이 없겠고 등불과 햇빛이 쓸 데 없으니 이는 주 하나님이
그들에게 비치심이라 그들이 세세토록 왕 노릇 하리로다

하나님의 초청과 인간의 거부

1
모세는 하나님의 사명 초청에
5번을 주저주저,
끝내 다른 사람을 보내라고 하여
끝내 하나님을 분노케 하여서
하나님께서 그를 죽이려 하셨도다.

그러나 은혜를 받은 모세는 돌이키고
하나님을 경외함으로
하나님의 사람이 되었느니라, 셀라.

2
바로는 하나님의 회개 초청에
10번을 돌이돌이,
끝내 못 보낸다고 하여
끝내 하나님을 분노케 하고
하나님께서 그의 장자를 죽이셨도다.

그렇게 은혜를 거부한 바로는 돌이킴 없이
하나님을 경멸함으로
하나님의 원수가 되었느니라, 셀라.

출애굽 10:16 바로가 모세와 아론을 급히 불러 이르되
내가 너희의 하나님 여호와와 너희에게 죄를 지었으니

3
모세와 바로의 차이는
모세는 처음엔 거절하다가
나중엔 온전하게 헌신 한 것이요.
바로는 재앙 중에 순종하였다가
재앙이후에 뜻을 돌이킨 것이라, 셀라.

4
하나님께서 애굽에 재앙을 주신 뜻은 여기에 있으니
출애굽 7:5 애굽 사람이 그를 여호와인 줄 알게하시려는 것이오,
출애굽 9:14 온 천하에 하나님 같은 자가 없음을 알게 하심이오,
출애굽 10:2 모세의 아들과 이스라엘 자손의 귀에 전하기 위함이고,
온 이스라엘과 민족들로 그가 여호와인 줄을 알게 하심이라, 셀라.

5
하나님의 뜻은 오늘날도 여기에 있어
그를 알아 진리와 사랑 가운데 거할 자를 찾으시니
그를 몰라 허무와 사악 가운데 거한 자라도
돌이키면 그는 자비하사 그들을 품으실 것이요
그들은 주님의 나라에서 상급을 품게 될 것이라, 셀라.

출애굽 10:17 바라건대 이번만 나의 죄를 용서하고
너희의 하나님 여호와께 구하여 이 죽음만은 내게서 떠나게 하라

바로, 너

1
바로야, 너는 한갓 인생이나,
네가 신이 되어 나의 영광을 도적질하였고

모든 초태생은 내 것이나
네가 내게 구별하여 드리지 아니하였고

너는 마치 네 것인 양 하였으며
더 하여 이스라엘의 남아들을 죽게 하였고

내 언약의 백성들을 노예로 삼아 착취하였으며
나를 인하여 그들의 수고를 더 하게 하였으니

이제 내가 너의 모든 장자들을 칠 것이며
너의 나라에 있는 모든 초태생을 칠 것이며

네가 빼앗아 모은 모든 금은보화는
너의 노예들에게 탈취 당할 것이며

너는 짐승같이 부르짖을 것이나,
너의 어떤 신도 돕지 못하리라.

출애굽 11:4 모세가 바로에게 이르되 여호와께서 이와 같이 말씀하시기를
밤중에 내가 애굽 가운데로 들어가리니

2
그러나 언약 가운데 있는 이스라엘 자손에게는
사람이나 짐승에게나 죽음이 임하지 않으리니,

이것이 그냥 자연적으로 일어난 것이 아니라.
내가 밤중에 네게 들어가므로 일어난 것을 알지니라.

악인의 눈엔 눈, 장자엔 장자로 갚게 할 것이요,
언약의 백성에겐 슬픔을 기쁨으로 갚아 주리니

너희로 내가 하나님임을 알게 하리라.
너희로 내가 참 신인 것을 알게 하리라.

네가 참된 지식이 없어서 망하는 도다.
너의 장자 자식이 그래서 망하는 도다.

네 아들이 정녕 살지 못하겠고, 죽으려니와
내 아들은 정녕 죽지 아니하고 살 것이니라.

이스라엘이 새끼 잃은 짐승같이 부르짖었으니
내가 그들을 도와 너에게서 구하리라.

출애굽 11:5 애굽 땅에 있는 모든 처음 난 것은 왕위에 앉아 있는 바로의 장자로
부터 맷돌 뒤에 있는 몸종의 장자와 모든 가축의 처음 난 것까지 죽으리니

나, 바로

1.
400년간 애굽 것이었으면 내 것 아닌가?
내가 왕이면 모든 것이 내 것 아닌가?

40년 소유한 것이 내 것이 아니라네.
왕으로 소유한 것이 내 것이 아니라네.

그 생각을 바꾸는 것은 쉽지 않았지.
당연한 거라고 생각했는데 아니라니.

나와 전혀 관계없으리라 생각했던 것이
전혀 다른 의미로 다가 왔지.

피, 개구리, 이, 파리, 악질,
독종, 우박, 메뚜기, 흑암, 죽음.

자의 반 타의 반 알게 되었지.
보낸 것도 안 보낸 것도 아니게 되었지.

더 오래 소유한 이가 있었고,
더 오래 사랑한 이가 있더군.

잠시 맡은 자가 있고
원래 창조자가 있더군.

출애굽 11:8 왕의 이 모든 신하가 내게 내려와 내게 절하며 이르기를
너와 너를 따르는 온 백성은 나가라 한 후에야 내가 나가리라…

2.
40년간 내 것이었으면 내 것 아닌가?
내가 사장이면 모든 것이 내 것 아닌가?

40년 소유한 것이 내 것이 아니라네
가장으로 소유한 것이 내 것이 아니라네.

그 생각을 바꾸는 것은 쉽지 않았지.
당연한 거라고 생각했는데 아니라니.

나와 전혀 관계없으리라 생각했던 것이
전혀 다른 의미로 다가 왔지.

사업의 문제, 관계의 문제,
건강의 문제, 자녀의 문제.

자의 반 타의 반 알게 되었지.
보낸 것도 안 보낸 것도 아니게 되었지.

더 오래 소유한 이가 있었고,
더 오래 사랑한 이가 있더군.

잠시 맡은 자가 있고
원래 창조자가 있더군.

희생양의 기도 : 내가 죽어 그대가 살수 있다면

1
내가 죽어 출에덴을 하는
아담과 이브가
내 피 묻은 가죽 옷을 입고
앞으로 다가올 광야 생활에서 따뜻하게 살 수 있다면.

2
내가 죽어 출애굽을 하는
이스라엘이
내 피를 문설주에 바름으로
죽음을 면할 수 있고,
내 고기를 구워 먹고
앞으로 다가올 광야 생활에서 힘을 얻을 수 있다면.

출애굽 12:5 너희 어린 양은 흠 없고 일 년 된 수컷으로 하되
양이나 염소 중에서 취하고
출애굽 12:7 그 피를 양을 먹을 집 좌우 문설주와 인방에 바르고

3
내가 죽어 영적 출애굽을 하는
모든 인류가
내 피로 죄사함을 받고
내 살로 풍성함을 받고
지상에서 나머지 삶을 온전하게 살고
다가오는 천국의 삶을 순전하게 살 수 있다면.

4
내가 죽어 각자 버전의 출애굽을 해야 할
버림받고, 목말라 살던 모든 사람들이
내 피 값으로
테텔레스 타이, 다 갚았다, 다 이루었다를 선포하며
부활의 비전으로 말미암아 선교와 순교의 사명을 감당하며
영혼을 아버지께 드리는 삶을 살 수 있다면.

요한복음 1:29 이튿날 요한이 예수께서 자기에게 나아오심을 보고 이르되 보라
세상 죄를 지고 가는 하나님의 어린 양이로다
계시록 5:6 내가 또 보니 보좌와 네 생물과 장로들 사이에 한 어린 양이 서 있는데
일찍이 죽임을 당한 것 같더라

유월절 : 소생하던 봄, 소멸되던 밤

1
후일에 네 아들이 네게 묻기를
이것이 어찌 됨이냐 하거든 너는 그에게 이르기를,

여호와께서 그 손의 권능으로 우리를
애굽에서 곧 종이 되었던 집에서 인도하여 내실새
그 때에 바로가 완악하여 우리를 보내지 아니하매,

여호와께서 애굽 나라 가운데
처음 난 모든 것은 사람의 장자로부터 가축의
처음 난 것까지 다 죽이셨으므로,

태에서 처음 난 모든 수컷들은
내가 여호와께 제사를 드려서

내 아들 중에 모든 처음 난 자를 다 대속하리니
이것이 네 손의 기호와 네 미간의 표가 되리라.

이는 여호와께서 그 손의 권능으로 우리를
애굽에서 인도하여 내셨음이니라 할지니라, 셀라.
출애굽 13:14-16

출애굽 12:41 사백삼십 년이 끝나는 그 날에 여호와의 군대가
다 애굽 땅에서 나왔은즉

2
때는 자연의 모든 것이 소생하던 봄.
때는 애굽의 모든 것이 소멸되던 밤.

급하게 허리띠를 동이고 신발을 신는다.
급하게 어린양의 피를 문설주에 바른다.

급하게 어린양을 잡아 불에 굽는다.
급하게 소금과 물로만 빵을 굽는다.

그가 그 밤에 애굽의 초태생을 심판 하셨도다.
그가 그 봄에 애굽의 잡신들을 심판 하셨도다.

그가 애굽의 모든 초태생을 제물로 삼으셔서
이스라엘의 모든 장자들을 대속 하셨느니라.

야곱이 애굽을 찾은 이유는 곡식의 풍요였으나
주님이 애굽에 부른 이유는 자손의 번성이었느니라.

이스라엘이 애굽 거주 430년을 마치는 날에
야곱의 70명이 장정만 60만 군대로 나오니라.

그가 이스라엘을 불 가운데서 구하시고
물 가운데로 지나게 하사 세례 주셨느니라, 셀라.

하나님의 언약 : 그때와 지금

1.
너희가 이것을 삼가 지킬 지니

육체엔
    손의 기호와
    미간의 표
    입엔 율법이 있게 하고

사람과 짐승들의
    모든 초태생, 첫 수컷은 내게로 돌리고

시간에 관하여는
    안식일과 절기를 지키어

절기 마다, 규례 마다 행하되
    네 아들이 이것이 어찌 됨이냐 묻거든
    내가 네게 명하여 가르친 모든 것을
    그대로 네 아들에게 가르칠 지라. (출애굽 13:14)

그 아들에게 내가 네게 준 모든 것을 주고,
그 아들에게 내가 네게 알려준 모든 것을 알려 주라.

언약은 이것이니
    맹세한대로 네가 땅을 차지할 것이라.

출애굽 13:9 이것으로 네 손의 기호와 네 미간의 표를 삼고 여호와의 율법이 네 입에
있게 하라 이는 여호와께서 강하신 손으로 너를 애굽에서 인도하여 내셨음이니
출애굽 13:10 해마다 절기가 되면 이 규례를 지킬지니라

2.
그러나 때가 이르러 사람들이 미혹 받으리니

육체엔
        손의 기호와
        미간에 짐승의 표를 받으며
        입엔 율법이 사라지리라.

사람과 짐승들의
        모든 초태생과 수컷을 내게로 돌리기보다
        짐승에게 절할 것이요

시간에 관하여는
        모이기를 폐하며 (**히브리서 10:25**)
        안식일과 나의 절기를 지키지 않고
        공연한 절기와 규례를 만들어 방자히 행할 것이라

그럼으로
        가르칠 자녀도 없겠고 가르칠 것도 없으리라
        내게 받은 것이 없으니 전해 줄 것도 없을 것이라.

언약은 이것이니
        맹세한대로 그들이 무저갱과 불못을 차지할 것이라.

계시록 13:4 용이 짐승에게 권세를 주므로 용에게 경배하며 짐승에게 경배하여
이르되 누가 이 짐승과 같으냐 누가 능히 이와 더불어 싸우리요 하더라
계시록 16:2 첫째 천사가 가서 그 대접을 땅에 쏟으매 짐승의 표를 받은 사람들과
그 우상에게 경배하는 자들에게 악하고 독한 종기가 나더라

홍해 건너기: 손엔, 위엔, 앞엔

1
낮엔 수직의 구름 기둥
밤엔 수직의 불꽃 기둥
속엔 거룩한 주의 영광

앞엔 막막한 홍해 바다
뒤엔 흉흉한 애굽 군대
속엔 당황한 이스라엘

저쪽엔 구름과 흑암
이쪽엔 빛나는 영광
바다엔 사나운 동풍

손엔 치켜든 지팡이
위엔 권능의 하나님
앞엔 갈라진 바닷물

앞엔 안전한 모래밭
옆엔 수직의 물기둥
뒤엔 창칼든 마병들

출애굽 14:27 모세가 곧 손을 바다 위로 내밀매 새벽이 되어 바다의 힘이 회복된지라 애굽 사람들이 물을 거슬러 도망하나 여호와께서 애굽 사람들을 바다 가운데 엎으시니

2

걸은 60만 이스라엘은 해변에
달린 6백 애굽 마병은 물 속에
승리는 속도가 아닌 참 순종에

바다를 가른 것은 권능
생명을 지킨 것은 은혜
영원히 드릴 것은 감사

태초에 신은 수면을 운행했고
홍해에 그들은 물속을 걸었고
밤 호수, 그는 물 위를 걸었네.

불기둥이 나무 없이 불타고
물기둥이 수직으로 흐르면
그는 여호와 전능의 하나님!

가슴이 비전으로 불타고
눈물이 감동으로 흐르면
그는 여호와 전능의 하나님!

모세와 이스라엘의 찬양

내가 여호와를 찬송하리니
그는 높고 영화로우심이요 말과 그 탄 자를 바다에 던지셨음이로다
여호와는 나의 힘이요 노래시며 나의 구원이시로다

그는 나의 하나님이시니 내가 그를 찬송할 것이요
내 아비의 하나님이시니 내가 그를 높이리로다
여호와는 용사시니 여호와는 그의 이름이시로다

그가 바로의 병거와 그 군대를 바다에 던지시니
그 택한 장관이 홍해에 잠겼고 큰 물이 그들을 덮으니
그들이 돌처럼 깊음에 내렸도다

여호와여 주의 오른손이 권능으로 영광을 나타내시니이다
여호와여 주의 오른손이 원수를 부수시니이다

주께서 주의 큰 위엄으로 주를 거스리는 자를 엎으시나이다
주께서 진노를 발하시니 그 진노가 그들을 초개같이 사르니이다

주의 콧김에 물이 쌓이되 파도가 언덕 같이 일어서고
큰 물이 바다 가운데 엉기니이다

대적의 말이 "내가 쫓아가 탈취물을 나누리라,
내가 그들로 인하여 내 마음을 채우리라,
내가 내 칼을 빼리니 내 손이 그들을 멸하리라" 하였으나

주께서 주의 바람을 일으키시매 바다가 그들을 덮으니
그들이 흉용한 물에 납같이 잠겼나이다

여호와여 신 중에 주와 같은 자 누구니이까
주와 같이 거룩함에 영광스러우며 찬송할만한 위엄이 있으며
기이한 일을 행하는 자 누구니이까

주께서 오른손을 드신즉 땅이 그들을 삼켰나이다
주께서 그 구속하신 백성을 은혜로 인도하시되 주의 힘으로
그들을 주의 성결한 처소에 들어가게 하시나이다

열방이 듣고 떨며 블레셋 거민이 두려움에 잡히며
에돔 방백이 놀라고 모압 영웅이 떨림에 잡히며
가나안 거민이 다 낙담하나이다
놀람과 두려움이 그들에게 미치매 주의 팔이 큼을 인하여
그들이 돌같이 고요하였사오되

여호와여 주의 백성이 통과하기까지
곧 주의 사신 백성이 통과하기까지였나이다
주께서 백성을 인도하사 그들을 주의 기업의 산에 심으시리이다 여호와여
이는 주의 처소를 삼으시려고 예비하신 것이라

주여 이것이 주의 손으로 세우신 성소로소이다
여호와의 다스리심이 영원무궁하시도다
출애굽기 15:1-18

모세의 고백

1
내가 한 것이 아니라.
내가 지팡이를 내밀어 뱀이 되게 하지 않았도다.
내가 지팡이를 내밀어 물로 피되게 하지 않았도다.
내가 지팡이를 내밀어 홍해를 가르지 않았도다.

내가 그것을 어떻게 하리요.
나는 광야에 뿌리 잘린 나무 같았던 사람이고
나는 광야에 열매 없는 고목 같았던 사람이고
나는 광야에 생명 없는 지팡이 같았던 사람이라.

내가 한 것 이라고는
뜨거운 광야에서 더 뜨겁게 하나님을 구하고
오랜 기다림 속에 속이 상해 주님께 반항하다
주의 지팡이를 잡고, 주의 지팡이로 선 것이라.

주께서 다 하신 것이라.
내게 자신의 출애굽 비전을 전수하여 주셨고
내게 자신의 출애굽의 모든 자원들을 주셨고
내게 자신이 행할 계획을 미리 알려 주셨노라, 셀라.

출애굽 15:2 *여호와는 나의 힘이요 노래시며 나의 구원이시로다*
그는 나의 하나님이시니 내가 그를 찬송할 것이요
내 아버지의 하나님이시니 내가 그를 높이리로다

2
그런데 세상 일에 약은 사람들은
여호와 하나님 대신 지팡이를 보고
여호와 하나님 대신 나의 손을 보고
여호와 하나님 대신 애굽 전차를 보노라.

그러나 하나님 언약의 사람들은
지팡이가 아닌 구름 기둥 속을 보았고
나의 손이 아닌 불 기둥을 속을 보았고
애굽 전차가 아닌 물 기둥 속을 보았노라.

그 속에 여호와, 전능의 하나님,
전쟁 속에 우리를 위하여 싸우시는 여호와,
바다 속에 대적의 병거를 엎으시는 여호와,
우리 속에 평안을 주시고 지키시는 여호와.

내가 한 것이라고는
주님을 경외하여 은총을 받은 것
주님의 심부름을 하며 감격하고
주님께 먼저 받은 것을 이렇게 전한 것뿐이라, 셀라.

하나님께서 함께 하시니

1
하나님께서 함께 하시니
홍해가 갈라져 마른 길, 갈 길, 살 길을 내나,
원수는 지푸라기 같고, 납같이 되게 하셨나이다, 셀라.

하나님께서 함께하시니
불평하던 입술에서 찬양이 나오고,
뻣뻣하던 몸에서 춤이 나오게 하셨나이다, 셀라.

2
하나님께서 함께하시니
사흘 길 광야에 물을 감추시고
숨겨진 원망을 드러내시나이다, 셀라.

하나님께서 함께하시니
원망이 쓴 물이 되게 하시고
원망이 멸망이 되게 하사 심판하시나이다, 셀라.

출애굽 15:24 백성이 모세에게 원망하여 이르되 우리가 무엇을 마실까 하매

3
하나님께서 함께 하시니
뽑혀 물에 드려진 나무로 쓴 물을 달게 하시고,
흥건한 눈물, 엎드려진 기도로 살게 하시나이다, 셀라.

하나님께서 함께하시니
생명을 위한 계명과 규례가 나오고
형통을 위한 순종과 의가 나오나이다, 셀라.

4
하나님께서 함께 하시니
12 물샘에서 쉬게 하시고,
70 종려 숲에 장막을 치게 하시나이다, 셀라.

하나님께서 함께 하시니
주의 백성이 주의 기업의 산에 오르고,
주의 처소로, 주의 성소가 되었나이다, 셀라.

출애굽 15:27 그들이 엘림에 이르니 거기에 물 샘 열둘과
종려나무 일흔 그루가 있는지라 거기서 그들이 그 물 곁에 장막을 치니라

마라

출애굽 15:23 마라에 이르렀더니 그 곳 물이 써서 마시지 못하겠으므로
그 이름을 마라라 하였더라

1
하지 마라 했는데
하여, 잘못 행하여
광야 쓴 물 만날 때
나무를 뽑아 눕혀
너의 쓴 물에 넣으라.
쓴 물이 단물 되리라.
나는 여호와 라파,
치료하는 여호와라.

출애굽 15:25 모세가 여호와께 부르짖었더니 여호와께서 그에게 한 나무를
가리키시니 그가 물에 던지니 물이 달게 되었더라

갈라디아 3:13 그리스도께서 우리를 위하여 저주를 받은바 되사 율법의
저주에서 우리를 속량하셨으니 기록된 바 나무에 달린 자마다 저주 아래에
있는 자라 하였음이라

2
하지 마라 했는데
하여, 잘못 행하여
인생 쓴 물 만날 때
너를 굽혀 십자가를
네 눈물에 넣으라.
쓴 물이 단물 되리라.
나는 그리스도 예수,
구원의 하나님이라.

에베소서 2:16-17 또 십자가로 이 둘을 한 몸으로 하나님과 화목하게 하려 하심
이라 원수 된 것을 십자가로 소멸하시고 또 오셔서 먼 데 있는 너희에게 평안을
전하시고 가까운 데 있는 자들에게 평안을 전하셨으니

그럴 만도 하지 vs. 어찌 그러 하지

1
그럴 만도 하지.

200만 명이 광야에서 한 달을 있었는데
먹을 것이 있을 리가 있나.

애굽에서 고기 가마 곁에 앉아 있던 때와
떡을 배불리 먹던 때가 생각날 만하지.

유월절 양을 구워 먹고 홍해를 가르고 나왔지만,
그때는 그때이고 지금은 굶어 죽을 지경이니,

모세에게 절망할만도 하지.
하나님께 원망할만도 하지.

눈앞에 고기와 떡을 보지 못하니,
하나님의 비전도 보지 못하지.

비전은 멀고, 광야는 비었고,
주님은 멀고, 뱃속은 비었고,

소망의 하나님, 없다고 할만도 하지.
원망의 사람들, 죽는다 할만도 하지

출애굽 16:13 저녁에는 메추라기가 와서 진에 덮이고
아침에는 이슬이 진주 위에 있더니

2
어찌 그리 하지?

하나님께서 아침 이슬이 마른 후에
꿀 과자가 광야에 있어라 하시니 그대로 되니라

하나님께서 저녁에 메추라기들이
진중에서 노래하라 하셨더니 그대로 되니라

많이 거둔 이도 남음이 없고, 적게 거둔 이도
모자람이 없을 지니라 하시니 그대로 되니라

빈 광야에서 200만 명을 40년간을 먹이시고
입히시리라 하시니 그대로 되니라.

안식일엔 밖에 양식이 없을 지라 하시니 없었고
어제의 양식 썩지 말라 하시니 그대로 되니라

게으름으로 양식을 남기지 말고, 안식일에 밖에서
양식을 구하지 말라 하셨으나 그대로 안 되니라.

하나님께서 행하신 것은 그대로 되었으나
인간들이 순종하지 않으므로 그대로 안 되니라.

출애굽 16:27 일곱째 날에
백성 중 어떤 사람들이 거두러 나갔다가

광야의 성찬

1 이스라엘

광야엔 애굽의 억압과 죄악으로부터의 자유,
광야엔 애굽의 고기와 떡으로부터의 자유.
이 자유가 결핍이 될 때, 결핍은 죽음이 된다.

출애굽 한 달 후 음식이 떨어진 이스라엘.
광야의 한 달 후 믿음이 떨어진 이스라엘.

원망의 광야에 주시는 은혜의 하늘의 양식:
저녁 날개를 접은 메추라기와
아침 이슬로 열매 맺는 만나.

만약 원망 없는 기도를 드릴 수 있었다면,
만약 욕심 없는 식사를 즐길 수 있었다면?

음식이 더 이상 영혼의 감사가 아닐 때
음식은 더 이상한 결핍과 죽음이 된다.

원망으로 먹고 광야에서 죽은 애굽 출생들이여!
감격으로 먹고 약속에 들어간 광야 출생들이여!

날개를 접고 광야의 만찬이 된 메추라기여.
죽임 당하여 유월절 첫 만찬이 된 희생양이여.

2 예수

광야엔 세상의 억압과 죄악으로부터의 자유
광야엔 세상의 고기와 떡으로부터의 자유
결핍이 자유가 될 때, 자유는 생명이 된다

요한의 물세례 후 불같은 광야 40일.
성령의 불세례 후 물같은 광야 40일.

금식의 광야에 내리는 은혜의 하늘 양식:
저녁 날개를 접은 메추라기도 영혼의 친구.
아침 만나로 열매 맺는 이슬도 영혼의 친구.

결핍 없이 드리는 감사의 기도!
원망 없이 드리는 감격의 기도!

사람이 떡으로 살고, 성찬이 배를 위할 때
육체는 아프고 끝내 깨어나지 못하게 된다. *(고전 11:30)*

욕심을 먹고 영원히 죽는 사람들이여!
감사를 먹고 영생을 사는 사람들이여!

마지막 유월절에 첫 성찬이 된 어린양이여.
욕심을 접고 지금 성찬을 준비하는 우리여!
욕심을 접고, 감사를 먹고 성찬이 된 우리여!

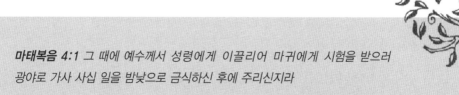

마태복음 4:1 *그 때에 예수께서 성령에게 이끌리어 마귀에게 시험을 받으러 광야로 가사 사십 일을 밤낮으로 금식하신 후에 주리신지라*

반석의 물 : 웅덩이 없는 샘, 고이지 않은 물

1

믿음이 없는 너희여,
감사가 없는 너희여,

너희에게 물이 없으니
여호와가 없다 하는 도다.

지금 너희가 있는 곳의 이름은
맛사요 무리바, 곧, 미혹과 다툼이라.

너희에게 없는 것은 생수가 아니요,
너희에게 없는 것은 생명의 믿음이라.

너희가 물을 찾고 나를 버림으로
사막의 물 대신 사망의 눈물을 만날 것이라.

출애굽 17:5-6 여호와께서 모세에게 이르시되 백성 앞을 지나서
이스라엘 장로들을 데리고 나일 강을 치던 네 지팡이를 손에 잡고 가라

2
믿음으로 사는 너희여
감사하며 사는 너희여,

너희에게 낮은 광야에도 없는 물을 산에서
파인 흙에도 없는 물을 바위에서 줄 것이라.

너희가 웅덩이 없는 샘을 얻겠고
너희가 고이지 않은 물을 얻을 것이라.

이 샘은 너희 삽으로 판 것이 아니요
이 물은 너희 돈으로 산 것이 아니라.

나를 신뢰하는 자에게 나의 지팡이를
나를 의지하는 자에게 나의 생명수를 줄 것이라.

내가 호렙 산에 있는 그 반석 위 거기서 네 앞에 서리니 **너는 그 반석을 치라
그것에서 물이 나오리니 백성이 마시리라** 모세가 이스라엘 장로들의 목전에서
그대로 행하니라

마른 나무

1
잘라지고 마르고 깎여진,
뿌리도, 잎새도, 열매도 없는
나는

뱀이 되었고
뱀을 삼켰고
물로 피 되게 하고,

홍해를 가르고
사막 반석에서 물 내고
적과의 전쟁을 이기게 한

나는 모세의 지팡이.

모두가 나를 의지하지만
그의 손에 붙잡혀 사용 받을 뿐
나의 영광을 구하지 않는다, 셀라.

출애굽 17:9 모세가 여호수아에게 이르되 우리를 위하여 사람들을 택하여 나가서
아말렉과 싸우라 내일 내가 하나님의 지팡이를 손에 잡고 산 꼭대기에 서리라

2
잘라지고 마르고 깎여진,
뿌리도, 잎새도, 열매도 없는
나는

뱀의 머리에 박혀
뱀의 머리에 상처를 주었고
주님의 물과 피를 받아

뱀의 죽음의 배를 가르고
구원의 반석에 서게 하고
모든 싸움에서 이기게 한

나는 예수의 십자가.

모두가 나를 의지하지만
그의 몸에 붙잡혀 사용 받을 뿐
나의 영광을 구하지 않는다, 셀라.

*해골이라는 뜻의 골고다는 죽음을 상징하는 뱀의 머리를 상징한다. 그러므로 골고다에 십자가 박힌 것은 뱀의 머리를 상처 낸 실체적인 증거가 된다.

마가복음 15:22 예수를 끌고 골고다라 하는 곳 (번역하면 해골의 곳)에 이르러
15:25 때가 제삼시가 되어 십자가에 못 박으니라

돌에 대한 잠언 1

1
르비딤 광야에서 물이 없자
백성들이 원망하여
여호와께서 함께 하시는지 의심하고
모세를 불신하고 곧 돌을 들어 모세를 칠 기세였다.
이때 돌에 대하여 주신 잠언이라.

너희들이 돌을 들어 나의 종을 침으로
나를 치려 하느냐?
내가 돌 위에 서겠고,
내 종이 그 돌을 치겠으니
내가 그 돌에서 물을 주겠으며
너희는 내가 너희 중에 있는 것을 알지니라.

돌을 들어 원망으로 형제를 치면 피눈물이 나고
돌을 밟고 믿음으로 돌을 치면 물이 나오느니라, 셀라.

출애굽 17:4 모세가 여호와께 부르짖어 이르되 내가 이 백성에게 어떻게 하리이까 그들이 조금 있으면 내게 돌을 던지겠나이다

출애굽 17:6 내가 거기서 호렙산 반석 위에 너를 대하여 서리니 너는 반석을 치라 그것에서 물이 나리니 백성이 마시리라 모세가 이스라엘 장로들의 목전에서 그대로 행하니라

2
너희들이 내 종과 다투기를 좋아하고
돌을 들 정도로 광폭하였으니
내가 너희에게 전쟁을 보내겠고
내 종이 산 꼭대기에 올라서
내 종이 손을 들면 너희가 이기리라.

피곤한 모세를 아론과 훌이 돌 위에 앉히고
모세의 양 손을 그들이 붙잡아 올리면
내가 여호수아를 도와
아말렉을 이기게 하리라.
너희는 내가 너희 중에 있는 것을 알지니라.

돌을 들어 형제를 치려면 전쟁이 오고
돌을 들어 형제를 위하면 전쟁에 이기느니라, 셀라.

출애굽 17:12 모세의 팔이 피곤하매 그들이 돌을 가져다가 모세의 아래에 놓아 그가 그 위에 앉게 하고 아론과 훌이 한 사람은 이쪽에서, 한 사람은 저쪽에서 모세의 손을 붙들어 올렸더니 그 손이 해가 지도록 내려오지 아니한지라

돌에 대한 잠언 2

1
너희는 깎은 돌로 단을 세워 단을 자랑치 말며
너희는 깎은 돌로 신을 세워 그를 사랑치 말라.

너희는 돌을 다듬어 높이지 말며 오직
마음의 돌을 다스려 믿음의 반석 위에 설지어다.

너희는 마음을 돌보다 강팍하게 하지 말며
너희는 마음을 돌보아 인자하게 할지어다.

출애굽 20:25 네가 내게 돌로 제단을 쌓거든 다듬은 돌로 쌓지 말라
네가 정으로 그것을 쪼면 부정하게 함이니라

2
너희는 마을 밭에 가시와 돌을 방치하지 말며
너희는 마음 밭에 가시와 돌을 방지할 지어다.

너희가 돌들을 깎아 신상을 만들면 내가 치겠고
너희가 마음을 닦아 성전을 만들면 내가 쉬리라.

너희가 다듬은 돌의 제단에 제물을 바칠 시간에
형제의 마음을 보듬어 모두의 기쁨이 될 지어다.

모세의 비전 멘토링

1
모세가 출애굽을 인도할 때
이스라엘은 장정만 60만, 합하여 약 200만명
그들은 각각 소중한 존재.

누군가를 사랑하면 그들의 가치가 보인다.
하나님께서 그들에게 주신 비전이 보인다.

좋은 비전 멘토는
하나님께서 공동체에게 주신 비전의 목적지로 모두를 인도하면서
하나님께서 각 개인에게 주신 비전의 목적지에 도달하도록 돕는 사람.

출애굽 18:21 너는 또 온 백성 가운데서 능력 있는 사람들 곧 하나님을 두려워하며 진실하며 불의한 이익을 미워하는 자를 살펴서 백성 위에 세워 천부장과 백부장과 오십부장과 십부장을 삼아

2
모세를 뒤이어 여호수아가 지도자가 되니
그에게 또한 12지파의 지도자들이 있어
목적지에 도착한 후 12 방향으로 퍼져 나가니라.

비전을 받으면 목적지와 그 이후가 보인다.
비전을 받으면 12 멘티와 그 이후가 보인다.

좋은 비전 멘토는
자신 보더 더 멀리 인도할 비전 멘티들을 만들어 내는 것.
하나님의 비전과 운명을 같이하며 비법을 전수해 주는 것.

내.장.소 : 내 장인을 소개 합니다

1
내가 애굽에서 태어나 물에서 죽게 되었을 때
애굽의 공주는 나를 살려 그의 아들을 삼았다.

내가 애굽을 떠나 광야에서 죽게 되었을 때
광야의 제사장은 나를 살려 그의 사위를 삼았다.

그의 이름은 루우엘, 그의 호칭은 이드로
십보라의 아버지, 미디안 광야의 제사장

내가 살인을 하고 쫓겨 도망갔을 때
내 운명을 자신의 운명으로 받아준 사람

내가 갈 곳도, 먹을 것도 없을 때
나를 존귀하게 여기고 선대해 준 사람

내가 지참금도, 담보물도 없을 때
스스럼없이 딸과 양을 내어 준 사람

내가 애굽으로 돌아간다 할 때
내 비전의 길을 가도록 보내 준 사람

출애굽 18:9 이드로가 여호와께서 이스라엘에게 큰 은혜를 베푸사
애굽 사람의 손에서 구원하심을 기뻐하여

2
내가 사명의 고통으로 가족을 돌려보낼 때
말없이 그들을 받아 주고, 또 데려다 준 사람

내가 출애굽을 하여 광야에 있을 때
나의 성공을 함께 기뻐해 준 사람

여호와를 위하여 희생 제물을 가져다 준
영적인 가치를 늘 소중히 여긴 사람

내가 혼자 재판하며 격무에 시달릴 때
중간 지도자를 세워 일을 나누게 한 사람

우린 때로 의외의 곳에서 뜻밖의 사람을 만나지
모두 하나님의 뜻 안에 있었다는 것을 이제 알지

그의 이름은 루우엘, 이름대로 하나님의 친구
광야에서 하나님 대신 나를 돌보아 준 사람

그의 호칭은 이드로, 이름대로 탁월한 대인
미디안의 왕 제사장, 이름대로 풍요로운 대인

여호와를 만나는 법

1
옷을 빨고
여인을 가까이 하지 않고

산 주위에 경계를 세워 산을 거룩하게
백성이 시내 산에 못 오르게
경계를 넘어 올라오면 그들이 죽나니

삼 일째
구름의 산에서 떨리는 가슴으로 그를 만난다.

여호와의 밤, 밤의 언약

세계가 다 내게 속하였나니
너희가 내 말을 잘 듣고 내 언약을 지키면
너희는 모든 민족 중에서 내 소유가 되겠고
너희가 내게 대하여 제사장 나라가 되며
거룩한 백성이 되리라. (출애굽 19:5-6)

출애굽 19:10 여호와께서 모세에게 이르시되 너는 백성에게로 가서
오늘과 내일 그들을 성결하게 하며 그들에게 옷을 빨게 하고

2
옷을 발가벗기고
여인들 앞에서 희롱하고

산 주위에 병사들을 세워 경계를 하고
십자가를 지우고 산에 오르게 하고
인간의 경계를 넘어 그를 죽였나니

삼 일째
새벽 안개의 언덕에서 떨리는 가슴으로 그를 만난다.

예수의 새벽, 새벽의 언약.

너희는 택하신 족속이요
왕 같은 제사장들이요 거룩한 나라요
그의 소유가 된 백성이니
이는 너희를 어두운 데서 불러 내어
그의 기이한 빛에 들어가게 하신 이의
아름다운 덕을 선포하게 하려 하심이라. (베드로 전서 2:9)

마가복음 15:20 희롱을 다 한 후 자색 옷을 벗기고
도로 그의 옷을 입히고 십자가에 못 박으려고 끌고 나가니라

하나님을 만날 때

1
하나님을 만날 때는
신을 벗어 땅의 부정을 끊고
옷을 빨아 세상의 부정을 끊고
육체를 씻어 관계의 부정을 끊고
경계를 세워 장소의 부정을 끊을 것.

2
하나님을 만날 때는
거룩이 핵심
그러나 거룩의 핵심은
신과 옷과 육체와 경계에 있지 않다.
거룩의 핵심은 사랑!
사랑의 핵심은 연합!

3
하나님을 만날 때는
안식일과 절기 외에도
하나님께서 나를 사랑하실 때
내가 하나님을 사랑할 때
내가 하나님을 자랑할 때
하나님께서 사랑하시기에 내가 사랑할 때
내가 사랑하지 않는 것이라도
하나님께서 사랑하시기에 내가 사랑할 때

출애굽 19:22 또 여호와에게 가까이 하는 제사장들에게 그 몸을 성결히 하게 하라
나 여호와가 그들을 칠까 하노라

4
하나님을 만날 때는
하나님께서 나에게
비전으로 주신 일에 감격할 때
그 비전의 완성을 사명으로 품을 때
그 사명을 완성하기 위하여
모든 정성과 성실로 집중하며
하나님께 방법을 여쭙고 상의 드리며
하나님께서 내게 예비해주신
이런저런 동역자를 감격으로 만나고
이런저런 자원들을 감사로 접할 때

5
하나님을 만날 때는
땅의 신을 벗고
세상의 옷을 벗고
육체의 몸을 벗고
장소의 경계를 벗고
인생의 사명도 벗고
거룩의 거리도 벗고
훌훌, 훨훨, 활활
비전대로, 언약대로
주님 전에, 주님 품에
사랑으로 연합할 때

쉽게 쓴 십계명

1
너희가 알 것은
너희가 내 사랑을 영혼에 담으며
너희가 내 사랑을 가슴에 닮으면
너희의 어떤 필요를 위하여

다른 신을 섬길 필요가 없느니라.
우상을 만들고, 절 할 필요가 없느니라.
내 이름을 헛되게 부를 필요가 없느니라.
내 안식일까지 네 일을 할 필요가 없느니라.

부모를 미워할 필요가 없느니라.
살인할 필요가 없느니라.
간음할 필요가 없느니라.
도둑질할 필요가 없느니라.
거짓증거 할 필요가 없느니라.
이웃집을 탐낼 필요가 없느니라.

출애굽 20:2 나는 너를 애굽 땅, 종 되었던 집에서 인도하여 낸
네 하나님 여호와니라
출애굽 20:3 너는 나 외에는 다른 신들을 네게 두지 말라

2
너희가 알 것은
만약 이 열 가지에 어떤 결핍을 느낀다면
네 영혼에 담긴 것과
네 가슴이 닮은 것을 살필지니

너의 결핍은 오직
진리의 결핍과
사랑의 결핍으로 오는 것이니
혼돈하여 다른 곳에서 찾지 말고
나에게서 찾아야 할 것이라.

미혹자가 와서 귀에 바람처럼 속삭이나
그 유혹은 후에 강철보다 더 강해지겠고,
네 영혼에 감미롭게 다가오나
네 가슴을 혼미하게 할것이라.
너는 속히 사랑의 진리를 붙잡고
너를 속인 사탄의 거짓을 버릴지어다.

3
그들을 취함은 나를 버림 같으니
네가 나보다 그것들을 더 사랑함이요
내가 준 사명의 일을 원치 아니하고
애굽의 사망의 일을 원함 같으니
네가 소원한 즉시 그 노예가 될 것이라.

네가 사망속에서 나를 기억하여
내 사랑과 내 자유를 원한다면
다시 탈출하여 구원을 얻어야 하나니
이 때는 애굽의 문설주 대신
토단이나 다듬지 않은 돌 제단이
내게 돌아오는 문설주가 될 것이라.

그곳에 네 양과 소의 피를 바르며
나에게 번제와 화목제를 바치며
내 이름을 정히 불러 기념하면
내가 네게 임하여 복을 주리라.

4
그러므로 기억하라!
내가 원하는 것은
다듬은 계단과 제단이 아니요,
가난한 마음과 영혼이요,
다 죽은 희생과 제사가 아니요,
네 살아 뜨거운 사랑이라.

네가 나를 배우고 비전을 취하면
내가 죄를 치우고 사명을 줄 것이다.
네가 너를 비우고 사명을 취하면
내가 너를 채우고 사망을 제할 것이라.

그러므로 기억하라.
내가 너를 그렇게 사랑함을,
내가 너를 그렇게 만족함을!
네게 준 비전과 비전 안에 기쁨을,
네게 준 사명과 사명 안에 풍요를!

땅의 사랑, 하늘의 사랑

1
히브리 규례는 히브리 인으로 종이 된 자는
7년째에 자유롭게 된다.
하지만 주인의 여종을 사랑하여 결혼하려면
자신의 자유를 버려야 한다.

하여
히브리의 규례대로 하여
내 사랑의 마음대로 하여

내가 그대를 사랑하여
내 자유를 버리고 그대와 함께 종이 됩니다.

내가 그대를 사랑하여 문설주에서
내 귀에 구멍을 뚫고 내 피로 그대를 삽니다.

내가 그대와 낳을 아이들을 사랑하여
내 자유를 버리고 그대에게 머뭅니다

내가 그대를 사랑하여
주인의 집에서 사랑의 종으로 결혼합니다, 셀라.

출애굽 21:5-6 만일 종이 분명히 말하기를 내가 상전과 내 처자를 **사랑하니**
나가서 자유인이 되지 않겠노라 하면 상전이 그를 데리고 재판장에게로
갈 것이요 또 그를 문이나 문설주 앞으로 데리고 가서 그것에다가 송곳으로
그의 귀를 뚫을 것이라 그는 종신토록 그 상전을 섬기리라

2
하늘의 규례는 죄의 종 된 자는
영원히 자유 할 수 없다.
하지만 죄의 종을 사랑하여 결혼하려면
자신의 목숨을 버리고 그를 거룩하게 만들어야 한다.

하여
하늘 진리의 규례대로 하여
그대 사랑의 마음대로 하여

그대가 나를 사랑하여
그대의 자유를 버리고 종이 되셨습니다.

그대가 나를 사랑하여 십자가에서
손에, 발에, 옆구리에 구멍을 뚫고 그 피로 나를 사셨습니다.

그대가 나를 사랑하여 그대 영을 내게 주시고
나를 자유롭게 하시고 나에게 머무십니다.

그대가 나를 사랑하여 나를 고귀케 한 후
주님의 궁전에서 사랑의 왕으로 결혼하십니다, 셀라.

계시록 21:2 또 내가 보매 거룩한 성 새 예루살렘이 하나님께로부터
하늘에서 내려오니 그 준비한 것이 **신부가 남편을 위하여 단장한 것 같더라**

모든 법과 규례는

1
모든 법과 규례는

하나님을 보좌하고
피해자를 보호하고
행악자가 보상하게

소유의 원리를 알고
규례의 원칙에 따라
배상에 원망이 없게

생명을 존귀하게
인격을 존엄하게
질서를 존중하게

출애굽 22:25 네가 만일 너와 함께 한 내 백성 중에서 가난한 자에게 돈을
꾸어 주면 너는 그에게 채권자 같이 하지 말며 이자를 받지 말 것이며

2
모든 법과 규례는

모든 것이 공정하여
모든 것이 공존하게
모든 이가 공영하게

하나님의 뜻이
하늘에서 이룸과 같이
땅에서도 이루어지게

하늘에 영광 드리게
지상이 평화 누리게
사람이 기쁨 나누게

출애굽 22:26 네가 만일 이웃의 옷을 전당 잡거든
해가 지기 전에 그에게 돌려보내라

축복의 언약들

1
너희는
매일의 첫 시작을 내게 바치며
매주의 첫 시작을 내게 바치며
매년의 첫 시작을 내게 바치며
가정의 첫 아들을 내게 바치며
짐승의 첫 수컷을 내게 바치며
토지의 첫 소산을 내게 바치라.

사람은 7 일마다 안식할 것이며
토지는 7년마다 안식할 것이며
남자는 3번 나에게 나올 것이며
일 년에 3번 절기를 지킬 것이라, 셀라.

출애굽 23:10 너는 여섯 해 동안은 너의 땅에 파종하여 그 소산을 거두고
23:12 너는 엿새 동안에 네 일을 하고 일곱째 날에는 쉬라
23:14 너는 매년 세 번 내게 절기를 지킬지니라

2
너희는
내 진리의 사랑에 서서
거짓, 위증, 다수의 악, 뇌물을 멀리하여
무고한 자와 의로운 자를 해하지 말라.
내 사랑의 진리에 서서,
고아와 과부와 가난한 자, 이방 나그네,
원수의 길 잃은 짐승을 배려 할 지니라.

화를 내는 것은 너를 불태우게 하나니
해가 지기 전에 풀어 해를 면할지라.
이방의 우상과 문화를 경배치 말고
오직 네 하나님 여호와를 경외하라, 셀라.

출애굽 23:8 *너는 뇌물을 받지 말라 뇌물은 밝은 자의 눈을 어둡게 하고*
의로운 자의 말을 굽게 하느니라

3
너희가 그리하면
내가 나의 사자를 네게 보내어
그가 너희 길에서 너를 보호하며
너를 내가 예비한 곳에 이르게 하며
내 이름을 주어 네 허물을 용서하며
네 원수가 네 다른 원수의 원수가 되게 할지니라.

내가 네 하나님 여호와가 되며
내가 너희의 양식과
물에 복을 내리고, 병을 제하며
불임과 낙태가 없고, 장수하리라.
네가 이를 곳의 적들을 물리치며
원수가 네게 등을 돌려 도망하리라, 셀라.

출애굽 23:19 네 토지에서 처음 거둔 열매의 가장 좋은 것을 가져다가 너의 하나님 여호와의 전에 드릴지니라
23:20 내가 사자를 네 앞서 보내어 길에서 너를 보호하여 너를 내가 예비한 곳에 이르게 하니

4

너희가 너희 하나님 나 여호와의 말을 청종하고
나의 보기에 의를 행하며 내 계명에 귀를 기울이며
내 모든 규례를 지키면
나는 여호와, 전능의 하나님
내가 애굽 사람에게 내린 모든 질병의 하나도
너희에게 내리지 아니하리니
나는 너희를 치료하는 여호와임이니라, 셀라. (출애굽기 15:26)

나는 여호와, 전능의 하나님,
내가 너를 필히 번성하게 하고
네가 나의 선택한 족속이 되고
네가 나의 거룩한 나라가 되고
네가 나의 왕 같은 제사장이 되리라, 셀라.

출애굽 223:22 네가 그의 목소리를 잘 청종하고 내 모든 말대로 행하면
내가 네 원수에게 원수가 되고 네 대적에게 대적이 될지라

존귀에 대하여

1
하나님이 이스라엘 자손들의
존귀한 자들에게 손을 대지 아니하셨고
그들은 하나님을 뵙고 먹고 마셨더라
출애굽 24:11

존귀의 히브리어는 오칠, 정의는
아찔한 저 멀리, 맨 끝에서부터 시작되어
뿌리 있는 원조같이 구별되고 으뜸된 것.

400년간을 노예로, 그러나 불과 3개월 전,
우리는 바로의 비참한 벽돌공들로
지푸라기를 잡으려 들녘을 헤매던
허무한 먼지 같은 사람들이었다.

그러나 오늘 우리는
하나님의 산, 하나님의 전
청옥을 편 듯하고,
하늘같이 청명한 곳에서
하나님과 같이 먹고 마신다.

바로의 사악은 우리를 비참하게 했고
주님의 사랑은 우리를 존귀하게 했다, 셀라.

출애굽 24:9 모세와 아론과 나답과 아비후와 이스라엘 장로 칠십 인이 올라가서

2
비밀? 벽돌공 3개월 전이
노예 3년, 30년, 300년 전이
우리의 시작이 아니었던 것이다.

우리는
아찔한 저 멀리, 맨 끝에서
구별되고 으뜸 되게 시작된
하나님의 아름다운 비전,
하나님의 아름다운 형상,
하나님의 아름다운 언약.

그러나 우리의 반전은
미혹과 타락, 고통과 신음.
그러나 하나님의 반전은
그런 우리에게 주신
은혜와 택함, 언약과 믿음.

그리고 마침내 지켜진 약속,
새롭게 선포된 언약의 말씀,
의롭게 덮여진 언약의 피.

사단의 사악은 우리를 비참하게 했고
주님의 사랑은 우리를 존귀하게 했다, 셀라.

출애굽 24:10 이스라엘의 하나님을 보니
그의 발 아래에는 청옥을 편 듯하고 하늘 같이 청명하더라

천국의 식사

1
투자의 귀재, 오마하의 현인, 워렌 버핏 회장과의 점심

대상은 가장 큰 돈을 낸 사람 1년에 1명
조건은 345만6천789 달러, 약 40억3천만원 (2016년)
장소는 뉴욕 '스미스 앤 월런스키' 스테이크 전문 식당

2
**모세와 아론과 나답과 아비후와 이스라엘 장로 칠십 인이 올라가서
이스라엘의 하나님을 보니,
그의 발 아래에는 청옥을 편 듯하고 하늘 같이 청명하더라
하나님이 이스라엘 자손들의 존귀한 자들에게 손을 대지 아니하셨고,
그들은 하나님을 뵙고 먹고 마셨더라 (출애굽기 24:8-11)**

대상은 모세와 아론과 나답과 아비후와 이스라엘 장로 칠십인
조건은 언약의 피
장소는 시내 산에 임하신 하나님의 전

3

볼찌어다,

내가 문밖에 서서 두드리노니

누구든지 내 음성을 듣고 문을 열면

내가 그에게 들어가

그로 더불어 먹고 마시리라. (계시록 3:20)

대상은 나

조건은 문 열기

장소는 그대가 내 영혼의 문을 두드리고,

　　　내가 문 열어 그대를 맞이하는 모든 천국

깊은 마음, 기쁜 마음

1
애굽의 노예 생활 400년
내가 언제 한번 이런 금과 은과 놋과
청색 자색 홍색실을 만져보았나.
출애굽 할 때 내가 애굽 사람들 집에
들어가서 목숨을 걸고 가져온 것들…
내 목숨 같은 것들.

그것을 성막 짓는다고 내라고 하네.
금송아지를 만들면 몰라도.
벼룩의 간을 빼먹지…

출애굽 25:2 이스라엘 자손에게 명령하여 내게 예물을 가져오라 하고
기쁜 마음으로 내는 자가 내게 바치는 모든 것을 너희는 받을지니라

2
애굽의 노예 생활 400년
우리가 언제 이런 금과 은과 놋과
청색 자색 홍색실이 필요 했었나.
출애굽 할 때 하나님께서 주셔서
애굽에서 취한 것들…
그래서 내 것이 아닌 것들.

그것을 성막 짓는다고 드리라 하네
이 때를 위한 깊은 마음이 있으셨네.
바로의 금관이라도 기쁜 마음으로 드려야지...

순금 속죄소

1
애굽에서 나올 때 가져온 것 중에
소중한 것들을 예물로 드려 성막을 짓는다.

순금으로 언약궤를 만든다.
그 뚜껑은 여호와 하나님께서
임하여 은혜를 베푸실 속죄소를 만든다.
속죄소엔 날개 편 두 천사를 만든다.

성막에 들어간 모든 금의 무게는
29 달란트와 730세겔, 약 1톤 반.

출애굽 25:17 순금으로 속죄소를 만들되
길이는 두 규빗 반, 너비는 한 규빗 반이 되게 하고
출애굽 25:18 금으로 그룹 둘을 속죄소 두 끝에 쳐서 만들되

2
태에서 나올 때 받아온 것 중에
소중한 것들을 예물로 드려 성소를 짓는다.

순금보다 더 귀한 순결한 눈물로
내 마음의 언약궤를 만든다.
임하여 은혜를 베푸실 내 영혼의 시은좌엔
감사로 두 팔든 하나님의 형상을 만든다.

나를 순결케 하기 위한 눈물의 양은
1톤 반이면 될까?

3
나의 눈물로 나를 온전케 못하여
그의 눈물과 그의 피가 필요하다.

그의 피가 나의 죄를 속하면
그의 영이 나의 몸에 오신다.

그렇게 나는 그의 성전이 된다.
그렇게 그는 나의 언약이 된다.

출애굽 25:19 한 그룹은 이 끝에, 또 한 그룹은 저 끝에
곧 속죄소 두 끝에 속죄소와 한 덩이로 연결할지며

하나님의 성궤

1
나는 사막에서 자란 보 잘 것 없은 나무.
내 눈물을 요구하던
낮의 뜨거운 태양과 밤의 차가운 바람을 견디며
새벽의 영롱한 이슬의 위로를 받으며 살았었다.
누군가 내게 와 나를 자르고 껍질이 벗겨질 때
여러 조각목과 함께 나를 붙잡아 맬 때
그 고통과 수치와 불안,
나는 그나마 있던 모든 눈물을 쏟고 말라갔다.

그런데… 그가 나를 감싸시고,
내게 영광의 황금 옷을 입히셨다.
그렇게 나는 하나님의 성궤가 되었다.

출애굽 25:10 그들은 조각목으로 궤를 짜되 길이는 두 규빗 반, 너비는 한 규빗
반, 높이는 한 규빗 반이 되게 하고
25:11 너는 순금으로 그것을 싸되
그 안팎을 싸고 위쪽 가장자리로 돌아가며 금 테를 두르고

2
나는 숲에서 평화롭게 자란 나무.
거대한 방주의 중심 나무가 되기를
거대한 궁전의 중앙 기둥이 되기를
꿈꾸며 자라던 어느 날
누군가 내게 와 뿌리째 뽑고,
밑동을 자르고 가지를 다 쳐내고
몸을 파서 십자로 겹칠 때
그리고 내게 못을 박을 때
나는 신음조차 낼 수도 없었다.

그런데… 그가 나를 감싸시고,
나에게 생명의 붉은 피를 입히셨다.
그렇게 나는 그리스도의 성전이 되었다.

3
나는 세상에서 자신만만했던 사람
이렇게 하면 이렇게 되고
저렇게 하면 저렇게 되리라 생각했지만
생각의 모두가 죄가 되고
행동의 모두가 악이 되는 줄 알지 못했다.

천천히, 갑자기, 알게 모르게 임한 도전들,
엎어지고, 부숴지고, 깨어지며 알았다.
진실을 알지 못했던 날의 미련함과.
진리를 행치 못했던 나의 가련함을.

남은 것은 누더기 옷, 나머지는 모두
남의 것, 그 사이에서 빛나던 그 무엇.

누가복음 15:13 그 후 며칠이 안 되어 둘째 아들이 재물을 다 모아 가지고 먼 나
라에 가 거기서 허랑방탕하여 그 재산을 낭비하더니

그런데 .… 그가 나는 감싸고
내게 순결한 눈물을 주셨다.
내게 성령의 선물을 주셨다.

나에게 잃었던 의의 옷을 입히셨다.
나에게 없었던 그의 옷을 입히셨다.
그렇게 나는 성령님의 전이 되었다.

누가복음 15:22 아버지는 종들에게 이르되
제일 좋은 옷을 내어다가 입히고 손에 가락지를 끼우고 발에 신을 신기라
고린도전서 3:16 너희는 너희가 하나님의 성전인 것과
하나님의 성령이 너희 안에 계시는 것을 알지 못하느냐

지성소 : 140억 광년 중 1.25미터

1
전능자, 여호와를 찬양할지어다!
그는 140억 광년의 크기의 우주 중
5억 평방 킬로미터 크기의 지구 중
한 광야를 선택하시고

길이 15m, 폭 5m, 높이 2.5m 크기 성막에서
길이 5m, 폭 5m, 높이 2.5m 크기 지성소에서
길이 1.25m, 폭 0.75m 크기로 구별된 속죄소에서

회개하는 자들의 죄를 용서하시고
시은좌에서 은혜를 구하는 사명자들의
겸손한 간구에 복 주시는 도다, 셀라.

*규빗은 이스라엘 길이 척도로 45.6cm 혹은 50cm이다.

출애굽 25:17 순금으로 속죄소를 만들되
길이는 두 규빗* 반, 너비는 한 규빗 반이 되게 하고
출애굽 25:18 금으로 그룹 둘을 속죄소 두 끝에 쳐서 만들되

2
전능자, 여호와를 찬양할 지어다.
그는 영원의 시간 속에서
이스라엘의 역사 속에서
한 유월절 아침을 선택하시고

해골이라 불리는 한 언덕에서
성막 뜰, 번제단 짐승의 피와 살 대신,
성소의 떡과 빛과 향 대신,
지성소의 만나와 율법과 지팡이 대신,
속죄소와 시은좌 대신
뿌리도, 잎새도 없는 나무에서

죄인 대신 매달리시고, 피 흘리시고,
죽으시고, 부활 하시어서
모든 회개하는 자들을 용서하시고
따르는 자들을 능력자로 세우시는 도다, 셀라.

출애굽 26:34 너는 지성소에 있는 증거궤 위에 속죄소를 두고

3
전능자, 여호와를 찬양할지어다!
그는 지구를 거쳐간 수 천억 인구 중
현재 지구에 거하는 인구 약 70억 중
그대를 선택하시고

몸을 성막으로 구별하여 산 제사로 드리며
혼을 성소로 구별하여 산 소망으로 드리며
영을 지성소로 구별하여 새 찬양을 드리는

그대를 인하여 기쁨을 이기지 못하여 복 주시며
사명의 현장에서 때로 상처입고 힘들어 하는
그대를 회복시키시고, 새 자원들을 공급하시어
그대로 하여금 비전을 실현케 하시는 도다, 셀라.

성막의 덮개 묵상

1
성막은 네 겹으로 덮여 있으니

맨 위에는 검은 해달 가죽,
그 아래엔 붉은 수양 가죽,
그 아래엔 하얀 염소 가죽,
그 아래엔 색실 천사 휘장,

그 안에 황금 성소와 지성소.

출애굽 6:1 너는 성막을 만들되 가늘게 꼰 베 실과 청색 자색 홍색 실로
그룹을 정교하게 수 놓은 열 폭의 휘장을 만들지니

2
검은 해달 가죽 덮개는
대낮의 매서운 태양과 바람을 막아주며,
새벽의 무거운 이슬과 먼지를 막아주며,
세상 속에 하나님의 보호를 상징하고,
끝없이 펼쳐진 검은 우주를 상징하며,
구름 속, 하나님의 영광을 상징하니 주께 감사.

수양의 붉게 염색한 가죽 덮개는
인간의 죄를 덮어 주는
붉은 피를 상징하니 주께 감사.

염소의 하얀 가죽 덮개는
보혈에 덮여 정케 된 인간을 상징하니 주께 감사.

청색, 자색, 홍색, 흰색 실로 천사를 수 놓은 휘장은
동물의 죽임이 필요 없는 천사의 임재를 상징하며
지성소에서 하나님께 수종듦을 상징하니 주께 감사.

출애굽 6:7 그 성막을 덮는 막 곧 휘장을 염소털로 만들되 열한 폭을 만들지며

3
우주와 세상, 세상과 황금의 지성소 사이
네 덮개가 우리에게 주는 언약은 이것이니:

검은 덮개와 흰 덮개 사이의 붉은 덮개는
우리가 흑암의 세상에서 사명의 일하면서
죄와 싸우며 알게 모르게 죄를 만들고
악과 싸우며 원하든 안 하든 악을 행할 때
붉은 보혈로 씻김과 이김을 주신다는 언약.

황금 지성소와 흰 덮개 사이의 천사 휘장은
안식일에, 모든 순간에 지성소에 나아갈 때
보좌에 펼쳐진 천사 날개의 보조로
하나님을 함께 경배할 수 있다는 언약.

출애굽 26:14 붉은 물 들인 숫양의 가죽으로 막의 덮개를 만들고
해달의 가죽으로 그 윗덮개를 만들지니라

4
하나님께서는 이렇게 우리로 하여금

세상에 나가 담대하게 일하게 하시고
하나님 전에 감격으로 찬양케 하시니

우리의 허무를 비전으로 채우시며
우리를 허무는 사탄에서 지키시며
우리의 허물을 사랑으로 덮으시며
우리의 허물을 존귀로 바꿔주시니

붉은빛으로 감싸시는 예수님께 감사.
황금빛으로 감싸시는 아버지께 감사.

희생제물의 기도 : 나에게도 가족이

1
그곳에서 구별된 동물이
구별된 사람을 위하여
피를 흘리고
살이 발리고
불에 태워지고
재로 날리운다.

허공에 날리며 빌기를
인간의 죄를 사하소서.
나의 뜨거운 붉은 피가
사람의 검은 죄를 덮고
하나님의 아픈 마음에
위로가 되게 하옵시며
나의 살이 타들어갈 때
인간의 강퍅한 마음에
화로가 되어 녹이소서, 셀라.

출애굽 27:8 제단은 널판으로 속이 비게 만들되 산에서
네게 보인 대로 그들이 만들게 하라

2
나를 하찮은 짐승 취급하여
나의 죽음이 헛되지 말게,
사람은 내 가죽을 원했지만
나에게도 가족이 있었지만
나에게도 소망이 있었지만
사람을 위하여 죽었노라고
제발 사람들이 알게 하소서.

나의 죽음을 하찮게 여기면
그의 생명이 하찮게 될 것이며
나의 죽음을 귀하게 여기면
그의 인생이 귀하게 될 것이니.

훗날 단번에 십자가에서 희생제물로
죽을 이의 생명을 귀하게 여길 것이며
그의 생명을 통해 귀하게 여김 받으니, 셀라.

로마서 6:10 그가 죽으심은 죄에 대하여 단번에 죽으심이요
그가 살아 계심은 하나님께 대하여 살아 계심이니

에봇과 전신갑주

1
1년에 단 하루, 인류에 단 한 명,
하나님을 만나는 대제사장의 복장은 이러하니

머리엔 관, 관엔 금패, 금패엔 여호와께 거룩.

속 바지 위에 긴 베옷
베옷 위에 푸른 겉옷
겉옷 아래엔 석류 문양
석류 문양 사이마다에 금방울.
겉옷 위에 금실을 섞어 짠 에봇

어깨엔 견대
견대엔 금실로 매단 두 호마노
두 보석엔 각각 6 부족 이름들.

허리엔 띠, 가슴엔 흉패.
흉패엔 빛의 우림과 완전한 둠밈,
금실로 매단 12 보석과 12 부족 이름.

12지파 이스라엘을 대신하여
영광의 하나님께 나아가기 위하여

*출애굽 28:1-2 너는 …나를 섬기는 제사장 직분을 행하게 하되,
네 형 아론을 위하여 거룩한 옷을 지어 영화롭고 아름답게 할지니…*

2
모든 영적 용사가 입을 영적 전투복은 이러하니

진리의 허리띠, 의의 호심경,
평안의 복음이 준비한 신,
능히 악한 자의 모든 불화살을
소멸하기 위한 믿음의 방패,
구원의 투구, 성령의 검, 곧 하나님의 말씀. (에베소서 6:13-18)

모든 기도와 간구를 하되 항상 성령 안에서
여러 성도들을 위하여,
통치자들과 권세들과 이 어둠의 세상 주관자들과
하늘에 있는 악의 영들을 상대하고,
마귀의 간계를 능히 대적하기 위하여.

3
모든 싸움을 싸운 후에 네가 입을 옷은 이러하니
영화로운 몸에 걸맞는 영화로운 옷이라.

신부가 신랑을 위하여 영화로운 몸을 준비하면
신랑이 신부를 위하여 영화로운 옷을 준비하리라.

성막 보석에 대한 묵상

1
세계에서 단 한 명
1년에 하루 하나님을 만나는
존귀한 대 제사장의 흉패에
귀하고 비싼 커다란 보석 12 가지

첫 줄은 홍보석 황옥 녹주옥이요
둘째 줄은 석류석 남보석 홍마노요
세째 줄은 호박 백마노 자수정이요
네째 줄은 녹보석 호마노 벽옥으로
다 금테에 물릴찌니 이 보석들은
이스라엘 아들들의 이름대로 열둘이라
(출애굽 28:17-20)

성막의 벽은 나무를 감싼 금판과 금기둥
벽의 기초는 은
기둥들의 기초는 놋 *(출애굽 26)*

2
승리한 모든 성도들을 위한
새 예루살렘 성,

그 성의 성벽에는 열두 기초석이 있고
그 위에는 어린 양의 열두 사도의
열두 이름이 있더라.

그 성벽은 벽옥으로 만들어졌고
그 성은 유리같은 정금으로 만들어 졌더라
그 성의 성벽을 받치는 기초석은
각색 보석으로 꾸몄는데 기초석은
벽옥이요, 남보석이요, 옥수요,
녹보석이요, 홍마노요, 홍보석이요,
황옥이요, 녹옥이요, 담황옥이요,
비취옥이요, 청옥이요, 자수정이라

그 열두 문은 열두 진주니
각 문마다 한 개의 진주로 되어 있고
성의 길은 맑은 유리 같은 정금이더라
(계시록 21:14, 18-21)

3
다이아몬드
1캐럿은 0.2 그램, 0.00044 파운드
1그램은 5캐럿, 1파운드는 2267.96 캐럿

오늘날 세계에서 제일 비싼 다이아몬드는
14.62 캐럿, 오펜하이머 블루 다이아몬드, 685억.

홍마노가 다이아몬드.

존귀한 대제사장의 흉패
열두 지파의 이름들이 새겨진
보석들은 몇 캐럿에 얼마?

예수님 열 두 제자의 이름이 새겨진
길이, 너비, 높이가 각각 2,200km 인
새 예루살렘 성벽 받침들은 몇 캐럿에 얼마?

성곽의 가치가 그 정도이면
그곳에서 사는 이들의 가치는 얼마?

4

그
대
를
그 값으로 산 그대의 가치는 얼마?
위
해

예
수
님
이

대
신

죽
으
심
으
로

출애굽기 29
주요내용: 제사장 위임 규례와 매일 드릴 번제

모순

1
대제사장이신데
희생양으로 스스로 피 흘리신

길인데
또한 길 끝의 문이신,

우주의 모든 것을 창조하셨는데
피조물인 인간이 되신,

자유로운 영이신데
부자유한 육이 되신,

거룩하신데
죄인들과 함께하신,

정의이신데
사랑이신,

생명의 물인데
물에 샘이 담긴,

출애굽 29:20 숫양을 잡고 그것의 피를 가져다가 아론의 오른쪽 귓부리와
그의 아들들의 오른쪽 귓부리에 바르고 그 오른손 엄지와 오른발 엄지에 바르고

2
온갖 모욕을 다 당하셨는데
자신을 죽이는 자들을 용서하신,

심판자이신데
사형당하신,

이 땅에서 매달려 죽으셨는데
지옥에서도 자유케 하시는,

나는 사랑하지 않았는데
나를 먼저 사랑해 주신,

나의 비천함을 가지시고
주의 고귀한 비전을 주신,

나는 핏대 내며 모욕을 드렸는데
주의 피를 내어 목욕시켜 주신,

죽을 수밖에 없는 나를 위해
죽지 못하실 분이 대신 죽으신,

우주보다 더 크신데
내 안에 들어와 계신.

구약의 제사와 신약의 예배

1 구약

제사장들이 제사장 옷을 입고
매일 아침과 저녁으로
회막문에서
일 년 된 어린 양, 각각 한 마리씩 드리느니라.

고운 밀가루 에바 십분 일과
찧은 기름 힌*의 사분 일
전제로 포도주 힌의 사분 일을 함께
소제, 전제, 번제로 드리느니라.
향기로운 냄새가 되게

주님께서 거기서
그들과 만나고 말씀하시느니라, 셀라.

*힌: 액체의 단위를 말하는 것으로 한 힌은 약 3.6리터이다.
　　기름, 포도주, 물의 양을 젤때 사용한다.

출애굽 29:42-3 이는 너희가 대대로 여호와 앞 회막 문에서 늘 드릴 번제라.
내가 거기서 너희와 만나고 네게 말하리라. 내가 거기서 이스라엘 자손을 만나리니
내 영광으로 말미암아 회막이 거룩하게 될지라

2 신약

성도가 전신갑주를 입고
매일 아침과 저녁으로
있는 곳에서 기도와 찬양과 말씀 묵상으로
자신을 드려야 하느니라.

아침엔
그날의 사명에 대하여
모든 마음을 드리고,
주님의 조언을 받고,

저녁엔
거칠게 흘린 땀과
절실히 흘린 피와
기쁘게 흘린 눈물을 섞어 예물을 드리며
그날 추수한 것에 대한 감사를 드리고,
그날 추수하며 지은 죄와 악에 대하여
회개하고, 용서를 하며,
용서를 받아야 하느니라.

주님께서 그곳에서
우리를 만나고 말씀하시느니라, 셀라.

에베소서 6:13 그러므로 하나님의 전신 갑주를 취하라
이는 악한 날에 너희가 능히 대적하고 모든 일을 행한 후에 서기 위함이라

거룩하게 하는 법

1

몸을 거룩하게 하기 위하여
할례를 받고
발에서 신을 벗고
관유를 머리에 붇고 (29:7, 30:30)
피를 오른 귓부리, 오른손 엄지, 오른 발 엄지에 바르고 (29:20)
관유와 피를 옷과 제사장에게 뿌리고 (30:10)
수족을 물두멍에 씻고 (30:18-21)
소금을 칠 것 이니라, (30:35) 셀라.

2

의복에 관하여
하체를 가리기 위하여 속옷을 입고
속옷과 에봇 받음 겉옷과 에봇과 흉패와 관과 성패를 입고 (29:5-6)
머리에 여호와께 성결이라고 쓴 금테를 두르고
미간과 손목에 말씀을 멜 것이니라, 셀라.

출애굽 30:29 그것들을 지극히 거룩한 것으로 구별하라
이것에 접촉하는 것은 모두 거룩하리라

3

사람에 관하여

제사장은 7일간의 위임식을 할 것이며 (29:9)

20세 이상은 반 세겔의 속전을 드리며 (30:12-16))

아침저녁으로 향을 피우며 (30:7-8)

아침저녁으로 일년생 어린 양을 번제단에서 드리며 (29:38-40)

어린양에 고운 밀가루 에바 1/10, 기름 1/4 힌, 포도주 1/4 힌을 드리며 (29:40)

안식일을 거룩하게 지킬 것이라 (31:13)

이로써 여호와께서

너희를 거룩하게 하시는 것을 알지니라, 셀라

4

보라 이전 것은 지나갔으니 새것이 되었도다.

거룩은 구분됨을 말하는 것이니

너희를 세상에서 구분하여 내어

너희를 구원하신 그분께 드림이라.

너희가 땅의 풍습에서 스스로를 구분하여 드리면

주께서 천국의 구분된 것으로 네 삶을 채우시리라, 셀라.

홍해와 성막 물두멍 묵상

1
물두멍의 위치는 바깥뜰
성소와 번제단의 중간에.

물두멍은 제사장들이
수족을 씻어 죄를 면하기 위하여

성소에 들어갈 때 물로 씻고
번제단에 화제를 드릴 때도 씻었다.

성소에 들어가는 것은 살아 있는 것이며
번제단에 가는 것은 이미 죽은 것이라.

번제단에 가는 것의 반전은
살았으되 죽은 것을 위하여 살았으되 죽은 것이라.

성소에 들어가는 이유는
죽었으되 살아야 할 것을 위하여

거룩하신 여호와께서 원하신 것은
영혼의 성결, 몸의 정결이니라, 셀라.

출애굽 30:19 아론과 그의 아들들이 그 두멍에서 수족을 씻되

2
홍해의 위치는 가나안 바깥
가나안과 애굽의 중간에.

홍해는 제사장 국가가 될
이스라엘 물 세례의 구원을 위하여

가나안으로 들어가기 전에
홍해를 건너며 씻음을 받았느니라.

가나안에 들어가는 것은 생명
바닷가에 버려진 것은 죽음이며

여호와 밖에 있는 것은 죽은 것이며
여호와 밖에 영원하신 분이 없느니라

예수님 안에 있는 것은 보혈로 산 것이며
여호와 안에 있는 것은 영원히 산 것이라.

거룩하신 여호와께서 원하신 것은
몸의 정결, 영혼의 성결이니라, 셀라.

고린도전서 10:1 형제들아 나는 너희가 알지 못하기를 원하지 아니하노니
우리 조상들이 다 구름 아래에 있고 바다 가운데로 지나며
10:2 모세에게 속하여 다 구름과 바다에서 세례를 받고

지성소의 유일에 대하여

1
성소의 열 두 진설병 떡은 매주 드리는 것
하지만 지성소의 만나는
역사 속에 유일한 것.

성소의 일곱 촛불은 매일 타는 것
하지만 지성소의 십계명 돌판은
역사 속에 유일한 것.

성소의 5가지 향은 매일 타는 것
하지만 지성소의 살구나무 지팡이는
역사 속에 유일한 것.

1년에 단 하루를
1년에 단 한 명이
단 한 나라를 위해
뵐 수 있는
지성소의 하나님은
우주 속에 유일하신 하나님.

출애굽 31:7 곧 회막과 증거궤와 그 위의 속죄소와 회막의 모든 기구와
출애굽 25:21 속죄소를 궤 위에 얹고 내가 네게 줄 증거판을 궤 속에 넣으라

2
성막 바깥 뜰의 제물은
절기마다 드려진 것,
예루살렘 성 밖의 제물은
유월절 십자가에서
단번에 모든 것을 위해
드려진 유일한 제물.

지성소인 몸을 스스로 찢으셔서
지성소로 가는 휘장을 찢으신,
하여 누구든, 언제든, 어디서든
유일한 아버지께 갈 수 있게 하신
유일한 아들의 유일한 사랑.

뿌려진 피를 따라 속죄소로 가서
모든 죄를 용서 받는 유일한 길.
구멍 난 손을 따라 시은좌로 가서
모든 힘을 부여 받는 유일한 길.

마가복음 15:37 예수께서 큰 소리를 지르시고 숨지시니라
마가복음 15:38 이에 성소 휘장이 위로부터 아래까지 찢어져 둘이 되니라
히브리서 10:12 오직 그리스도는 죄를 위하여 한 영원한 제사를 드리시고
하나님 우편에 앉으사

안식일 묵상

1
하나님께서
비전을 가지시고
규모 있게 일하시며

첫째 날은 빛을 만드셔서
　　　낮과 밤의 시간을 만드시고
둘째 날은 하늘과 바다를 만드시고
셋째 날은 바다와 육지를 나누시고,
　　　육지의 식물들을 그 종류대로 만드시고

넷째 날은 해, 달과 별들을 만드시고,
　　　계절과 연한을 만드시고
다섯째 날은 바다의 물고기와 하늘의 새들을
　　　그 종류대로 만드시고
여섯째 날은 들짐승과 가축을 그 종류대로 만드시고,
　　　사람을 지으시고, 복 주시고
일곱째 날을 복 주시고, 안식하셨다
　　　이 거룩한 날에, 거룩을 회복하게 하셨다

출애굽 31:17 이는 나와 이스라엘 자손 사이에 영원한 표징이며 나 여호와가
엿새 동안에 천지를 창조하고 일곱째 날에 일을 마치고 쉬었음이니라 하라

2
우리는
지난 6일간
다 만들어진 우주 속에서
또 무엇을 만들었길래
피곤하다 하지?

안식일에도 무슨 할 일이 많아
죽을 줄 모르고 일하려 하지?
그러다가 영문도 모르고 죽지?

이제 우리도
하나님께서 주신 비전을 품고
규모 있게 일 하며
아직 세상에 없는 일
내가 아니면 아무도 못 할 일
내가 아니면 아무도 안 할 일
복 주는 일을 하다가
감격으로, 감사로 주께 나아가며
안식하기를, 셀라.

비전이 없으면 백성이 방자히 행하거니와…

1
모세가 진을 떠나 산 위, 나의 전에서
나와 먹고 마신 지 오래되자 백성들이
지도자를 잃고, 비전을 잃고 혼돈에 빠졌노라

그들의 혼돈은 불신앙과 불 확신에서 왔으니,
모세가 죽었을지 모르고,
여호와가 더 이상 자신들의 편이 아닐지 모르며
이 두려운 광야에서 어찌 살아야 할지 모름으로 두려움이 왔도다.

가나안은 잠시 머물 비전의 목적지이며
그들은 내가 그들의 비전의 목적지이며
율법이 그들을 목적지로 이끄는 길이라는 것을 잊었노라.

그들은 이브처럼 눈에 보이는 것만 확신하여 말씀을 버리고
불 가운데 금을 넣어 금송아지를 만들고
불 가운데 하루살이처럼 춤추고 노래하고,
불탄 금송아지를 마시고 칼에 죽었노라, 셀라.

잠언 29:18 묵시가 없으면 백성이 방자히 행하거니와
율법을 지키는 자는 복이 있느니라

2
네가 천국에서 생명과 비전을 받고
혼과 육체의 세상에 온 지 오래.
나에게 영으로 받은 비전을 잃고 혼돈에 빠졌노라.

혼돈은 불확실성과 두려움에서 왔으니,
네가 누구인지, 어떤 비전, 사명을 감당해야 할지,
네가 가진 자원이 무엇인지 모르고
내가 존재하고, 네 편인지도 모름으로 두려움이 왔도다.

인생은 잠시 머물 비전의 목적지이며
너희는 내가 너의 비전의 목적지이며
내가 너희를 목적지로 이끄는 길이라는 것을 잊었노라.

그런 너희가 모여 돈을 부어 소의 우상을 만들고,
Wall Street* 에 세우고 너는 돈을 믿고, 돈을 섬기노라.
낮과 밤, 돈으로 웃고, 돈으로 우노라.
그 가운데 좋아 죽고, 종으로 죽노라, 셀라.

*미국 주식 본거지인 맨하탄의 Wall Street엔 동으로 만든 소가 세워져 있다.

출애굽 32:1 백성이 모세가 산에서 내려옴이 더딤을 보고 모여 백성이 아론에게
이르러 말하되 일어나라 우리를 위하여 우리를 인도할 신을 만들라 이 모세 곧
우리를 애굽 땅에서 인도하여 낸 사람은 어찌 되었는지 알지 못함이니라

3
비전이 없으면 방자히 행하고
결국에 멸망이라는 것을 아는 너희가
비전을 구하지 않는지라.

그러므로 너도 망하고
너를 따르는 무리도 망하는 것을
네가 심각하게 생각지 않는지라.

이 죄가 가볍지 아니한 것을
네가 심각하게 생각지 않는지라.

그러나 이제 알지어다.
나는 비전의 하나님.
내 종에게 내가 할 일을
미리 언약으로, 비전으로 알려주고
그곳을 향하여 기쁨으로 나아가게 하나니
너희가 성경에서 보는바
허다한 나의 종들이 그 증인들이라.

그들이 나의 일을 증거 하나니
이제 나에게 나올지어다.
모세가 비전과 자원을 받은 것과 같이
나와 내게 구할지라, 셀라.

4
이제
알지어다.
나는 여호와,
너를 죄악에서 건진 여호와.
너의 이름을 생명록에 기록한 자.
너를 기업으로 삼고, 유업을 주는 자.

너의 비전은 나와 나의 나라.
너의 사명은 내가 보낸 그곳을 그렇게 만드는 것.

너는
밤이든, 낮이든, 들어가든 나가든
영으로 받고, 뇌리에 세긴 비전을
이제 세상에 새기며 실현할 찌라.

너의 축복은
내 나라의 비전을 그 땅에서 실현하면서
네가 내 나라의 삶에 익숙해지는 것이라.

그럼으로 내가 너를 내 나라로 부르겠거니와
네가 부름 받은 천국이 어색하지 않으려니와
너는 나와 먹고 마시며, 영원을 살지니라, 셀라.

금 송아지

1
출애굽 나올 때
여행을 위하여
가나안 위하여
거룩을 위하여
성막을 위하여
언약궤 위하여
속죄소 만들라
순금을 받았지.

모세가 산에서
말씀을 받을 때
백성은 아래서
순금을 던져서
금송아지 우상
만들고 마시고
춤추고 숭배를
타락과 파멸을...

2
세상에 나올 때
성장을 위하여
성공을 위하여
비전을 위하여
사명을 위하여
은사를 특기를
다양한 자원을
선물로 받았지.

세상을 살면서
말씀을 받기 전
인생의 황금기
특기로 돈 벌며
금송아지 우상
만들고 마시고
춤추고 숭배를
타락과 파멸을...

출애굽 32:6 이튿날에 그들이 일찍이 일어나 번제를 드리며 화목제를 드리고 백성이 앉아서 먹고 마시며 일어나서 뛰놀더라

3
우상 금송아지는 허무하게 불타 녹아졌고
인생 내 황금기는 허무하게 불타 사라졌고

타고 남은 금가루를 씁쓸히 마신다
타고난 재능 은사를 씁쓸히 만진다

광난의 파티가 끝난 후
광야엔 새로운 아침이....

이런 내가 다시 시작할 수 있을까?
이런 나와 함께 해 주실 수 있을까?

회개의 눈물이 절망 끝에 빛난다.
비전의 약속이 광야 끝에 빛난다.

귀중한 것들을 귀중하게 받는다.
소중한 것들을 소중하게 드린다.

이제 새로운 나,
이제 새로운 날이다.

에스겔 33:11 너는 그들에게 말하라 주 여호와의 말씀이니라 나의 삶을 두고 맹세하노니 나는 악인이 죽는 것을 기뻐하지 아니하고 악인이 그의 길에서 돌이켜 떠나 사는 것을 기뻐하노라 이스라엘 족속아 돌이키고 돌이키라 너희 악한 길에서 떠나라 어찌 죽고자 하느냐 하셨다 하라

생명, 생명나무, 생명의 책

창세기 1:1 태초에 하나님이 천지를 창조하시니라.
하나님께서 지으신 천지와 생명이 있고, 생명을 영생케 하는 생명 과실이
있고, 그것을 확증하는 생명의 책이 있으니 그 대략은 다음과 같으니라.

1
창세기 2:7 여호와 하나님이 땅의 흙으로 사람을 지으시고
    생기를 그 코에 불어넣으시니 사람이 생령이 되니라
우주와 지구와 지구의 모든 생명을 창조하신 하나님께서 흙으로 사람을 아
담을 지으시고 생기를 불어넣어 생령이 되게 하신지라. 또한, 하나님께서
그 사람들에게 에덴이라는 생명의 땅을 주셨느니라

2
하지만 사탄이 동산의 뱀을 통하여 사람을 미혹하였으니, 그들이 선악과를
먹고 타락하였느니라. 그들이 선과 악을 알되 하나님처럼 선을 행하지 않
고, 사탄처럼 악을 행하였느니라. 그러므로 그들이 생명과도 먹고 영원히
악을 행하므로 돌이킬 수 없는 죄를 짓는 것을 방지하기 위하여 그들을 에
덴에서 쫓아내셨느니라.

3
여호와 하나님께서 인간의 죄를 없애고, 의로운 지구를 다시 시작하시기
위하여 의로운 **노아**에게 비전과 사명을 주시고 방주를 짓게 하셨도다. 그
리고 모든 죄를 멸하시고, 의가 살아나게 하셨도다.

출애굽 32:32 그러나 이제 그들의 죄를 사하시옵소서 그렇지 아니하시오면
원하건대 주께서 기록하신 책에서 내 이름을 지워 버려 주옵소서

그러나 의로운 **노아**의 자손들을 다시 미혹하는 영의 세력으로 인하여 몇이 타락하고, 세상 문화를 주도하여 바벨탑을 쌓고 자신들의 이름을 내고, 흩어짐을 면하려 했던 것이라. 그래서 하나님께서 그들의 언어를 혼잡하게 하시고, 그들을 흩으셨느니라.

4

또한, 후에 하나님께서 그런 인류 중에 의로운 사람, **아브라함**을 불러 그를 통하여 온전한 민족을 지으시려, 그에게 비전을 주셨었느니라. 아브라함의 손자인 야곱의 자손들이 애굽에 들어가 번성하였나, 그들이 애굽 문화에 빠지니 그들이 400년간 노예가 되었느니라. 그 고통 가운데 그들이 하나님을 바라보고, 애굽의 모든 것을 버리게 하셨느니라. 그런 중에 모세를 부르시고, 온갖 이사와 기적을 통하여 출애굽을 시키셨느니라.

5

그러나 오호라, 애굽의 죄악을 떨치지 못한 이들이 **모세**가 하나님의 말씀을 받으러 시내산에 40일을 간 사이 범죄하여 금송아지 우상을 만들었도다. 하나님께서 실망하시고, 진노하사 그들을 멸하시고, 모세를 통하여 새로운 민족을 시작하려 하셨느니라. 그러나 모세가 생명록에 기록된 자신의 이름을 걸고 하나님의 명예와 백성들의 목숨을 위하여 중보하였고, 이를 귀히 여기신 여호와 하나님께서 돌이키사 그들을 다시 품으셨는지라.

출애굽기 32:10 그런즉 내가 하는 대로 두라 내가 그들에게 진노하여 그
들을 진멸하고 너를 큰 나라가 되게 하리라
출애굽기 32:32 그러나 이제 그들의 죄를 사하시옵소서 그렇지 아니하시
오면 원하건대 주께서 기록하신 책에서 내 이름을 지워 버려 주옵소서
출애굽기 32:33 여호와께서 모세에게 이르시되 누구든지 내게 범죄하면
내가 내 책에서 그를 지워 버리리라

뜻을 돌이키신 여호와 하나님께서 광야를 먼저 행하사 이스라엘을 가나안
으로 인도하셨도다. 출애굽 이후에 가나안에 들어간 백성들이 믿음으로 살
았지만, 다시 타락하였으니, 그들이 다시 바벨론과 바사의 노예가 되었도
다. 하나님께서 언약대로 다시 그들을 구하셨으나, 아직 온전히 주께 나오
지 않았었느니라. 그러므로 이스라엘에게 한동안 여호와의 말씀이 임하지
않으셨으니 영의 암흑기라. 이스라엘은 다시 그리스와 로마의 식민 통치를
받으며 살게 되었느니라.

6
그러나 때가 차매 예수님께서 친히 이 땅에 오셔서 하나님의 자녀들을 불
러 모으시고 진리와 사랑을 선포하셨느니라. 예수께서 마침내 십자가에서
죽으사, 인류의 죄를 담당하시고, 거룩케 하사, 아버지와 화평케 하시고, 성
령을 선물로 받게 하셨느니라. 그리고 자녀만이 아니라 제자로 삼아 권능
으로 채우시고, 일꾼으로 삼으셨도다.

베드로전서 2:24 친히 나무에 달려 그 몸으로 우리 죄를 담당하셨으니
이는 우리로 죄에 대하여 죽고 의에 대하여 살게 하심이라…

이는 곧, 그가 나무에 달려 선악과의 악한 열매 값을 도말하시는 생명과가 되신 것이라. 그러므로 믿고 그의 살과 피를 먹는 자는 모두 영생을 얻게 하셨느니라. 그리고 마지막 때까지 싸워 이기게 하시는 도다.

> *계시록 3:5* 이기는 자는 이와 같이 흰 옷을 입을 것이요 내가 그 이름을 생명책에서 결코 지우지 아니하고 그 이름을 내 아버지 앞과 그의 천사들 앞에서 시인하리라

7

그리고 마지막 날에 모두가 하나님의 보좌 앞에 설 것이니, 회개 없었던 행위와 예수의 피를 의지한 믿음에 따라 심판을 받을 것이라. 또한, 성도들의 복이 여기에 있으니 그들은 약속된 모든 복을 받아 누리리라.

> *계시록 20:12* 또 내가 보니 죽은 자들이 큰 자나 작은 자나 그 보좌 앞에서 있는데 책들이 펴 있고 또 다른 책이 펴졌으니 곧 생명책이라 죽은 자들이 자기 행위를 따라 책들에 기록된 대로 심판을 받으니
> *계시록 22:14* 자기 두루마기를 빠는 자들은 복이 있으니 이는 그들이 생명나무에 나아가며 문들을 통하여 성에 들어갈 권세를 받으려 함이로다

그가 언약대로 속히 오시리니, 이 비밀에 거하는 자가 복되도다.

계시록 22:20 이것들을 증언하신 이가 이르시되 내가 진실로 속히 오리라 하시거늘 아멘 주 예수여 오시옵소서
계시록 22:21 주 예수의 은혜가 모든 자들에게 있을지어다 아멘

내 사랑은 네 죽음보다 강하니

1
위대한 비전을 가지고 천지 창조를 하였지.
그리고 그 창조한 모든 것들에 대한 권세와
축복을 아담과 이브에게 다 전수해 주었지.
그런데 며칠이 못 가 뱀의 미혹에 빠져
너무나 위대한 계획들을 허무하게 만들었지.

2.
내가 후회하고, 더 이상 함께 할 수 없었지.
죄 속의 인간, 인간 속의 죄를 다 없애기로 했지.
노아는 500년의 연단을 통해 의로운 사람,
100년간 자식들과 방주를 완성하여 생명을 구했지.
하지만 그의 후손들은 또 미혹되고 바벨탑을 쌓았지.

3.
더 타락해 가는 인류 속에 한 사람, 한 민족을 택했지.
하지만 그는 99년간 아들 없이 이름값을 못하던 사람.
그의 이름은 아브람, 높임 받는 아버지, 조롱받던 이름.
상처와 혼돈 속에 실수했지만 새 언약의 이름을 주었지.
아브라함, 열국의 아비, 그는 절망 속에도 이 이름을
소중히 받았고, 그것을 믿었고, 그 의가 그를 구했지.

출애굽 32:33 *주께서 기록하신 책에서 내 이름을 지워 버려 주옵소서*

4.
언약대로 400년 애굽을 통해 그의 씨들이 번성했지.
언약대로 400년 연단의 노예 애굽을 떠나 가나안을 향했지.
바다가 길이 되고, 바위가 물이 될 때, 믿음을 고백했지.
그러나 광야의 밤보다 깊은 죄악이 금송아지를 만들었지.
하지만 모세는 생명록의 이름을 걸고 백성을 구했지.

5.
누구도 귀하게 여기지 않고 죽이는 소, 양, 염소, 비둘기들.
희생 제물들의 연기가 인간의 악의 악취를 가릴 수 없었지.
나의 독생자가 자원하여 보좌를 버리고, 땅에 내려갔지.
그는 새로운 나라, 새로운 관계, 새로운 능력을 주었지.
유다가 은30에 배반하지만 예수는 온 목숨을 주었지.

6
너를 죄에서 악에서 구하고 새 비전을 주었지.
성령의 모든 은사와 열매와 새 자원을 주었지.
너는 네 자신과 모두의 죄를 씨름하며 싸우지.
죄 속에 쓰러지지만, 또 일어나, 더 믿고 의에 이르지.
넌 너의 약함을 알지만, 또한 나의 강함을 더 잘 알지.
내 언약은 네 죄악보다, 내 사랑은 네 죽음보다 강하지.

빌립보서 2:6-8 그는 근본 하나님의 본체시나 하나님과 동등됨을 취할 것으로 여기지 아니하시고, 오히려 자기를 비워 종의 형체를 가지사 사람들과 같이 되셨고, 사람의 모양으로 나타나사 자기를 낮추시고 죽기까지 복종하셨으니 곧 십자가에 죽으심이라

내가 친히

창세기 22:8 아브라함에게 **친히** 드릴 번제를 준비하신 여호와 이레 하나님
출애굽기 31:18 모세에게 **친히** 돌판을 세겨 주시는 하나님
출애굽기 33:14 **친히** 가고 쉬게 하시는 하나님
에스겔 34:15 에스겔에게 **친히** 목자가 되신다 약속하신 하나님

마태복음 8:17 이사야에게 **친히** 우리 연약한 것을 담당하시고,
　　　병을 짊어 지신다 약속하신 하나님
데살로니가 4:16 우리에게 **친히** 하늘로 좇아 다시 돌아 오실 예수님
데살로니가 5:23 우리에게 **친히** 온전히 거룩하게 하시고,
　　　또 우리 온 영과 혼과 몸을 우리 주 예수 그리스도 강림하실 때 까지
　　　흠 없게 보존되기를 원하시는 평강의 하나님
베드로 2:14 **친히** 나무에 달려 그 몸으로 우리 죄를 담당하셨으니
　　　이는 우리로 죄에 대하여 죽고 의에 대하여 살게 하려 하심이라
　　　저가 채찍에 맞으심으로 나음을 입게 하신 예수님

출애굽 33:14 여호와께서 이르시되 내가 친히 가리라 내가 너를 쉬게 하리라
출애굽 33:15 모세가 여호와께 아뢰되 주께서 친히 가지 아니하시려거든 우리를
이 곳에서 올려 보내지 마옵소서

이 모든 것을

친히 다 주신 하나님
친히 더 해 주실 예수님

감히 비옵기는
속히 하옵소서
속이 타옵나니!

두 돌 판에 두 번 쓴

1
군중이 금을 들고 우상신을 만들매
모세가 십계명 증거 판을 깨뜨리므로
하나님께서 두 돌판에
모두가 알게 두 번 글을 쓰셨느니라, 셀라.
(출애굽기 31:18, 34: 28)

군중이 돌을 들고 이웃을 치려하매
모세가 받은 돌로 치라는 계명을 깨뜨리시고
예수님께서 땅에
돌든 자들이 알게 두 번 글을 쓰시고
"너희 중에 죄 없는 자가 먼저 돌로 치라" 하셨느니라, 셀라.
(요한복음 8: 6, 8)

출애굽 31:18 여호와께서 시내 산 위에서 모세에게 이르시기를 마치신 때에
증거판 둘을 모세에게 주시니 이는 돌판이요 하나님이 친히 쓰신 것이더라

2
하나님께서 두 돌판에 쓰셨다 함은
네 좌우 갈비뼈에 쓰셨다 함이요,
예수님께서 땅바닥에 쓰셨다 함은
네 근원 된 흙, 몸에 쓰셨다 함이니

하나님과 예수님의 계명들에 대하여
네가 보는 돌과 흙이 두 증거요,
네 뼈와 살이 두 증거니
네가 부인하지 못하는 증거니라, 셀라.

금 송아지를 바라고 손에 금을 든 것은
하나님을 대적한 것이요
붉은 피를 바라고 손에 돌을 든 것은
이웃을 대적한 것이라, 셀라.

출애굽 34:29 모세가 그 증거의 두 판을 모세의 손에 들고 시내 산에서 내려오니

3
흙으로 사람을 빚어 생령이 되게 하시고
계명으로 십계명을 빚어 진리를 주시고;
사람으로 제자를 빚어 성령을 주시고
십계명으로 두 계명 빚어 사랑을 주셨으니 곧,

곧,
네 마음을 다하고 목숨을 다하고 뜻을 다하여
주 너의 하나님을 사랑하라, 그리고
네 이웃을 네 자신 같이 사랑하라는 것이라.
네 마음과 목숨과 뜻이 사랑받을 것임이라, 셀라.
(마태복음 22:37-39)

빛나는 흙

1
빛이신 하나님을 찬양할지라.
그가 태초의 어느 첫날 빛을 만드셨도다. (창 1:3)
그 빛의 영광을 그대에게 주시길 원하셨도다, 셀라.

하지만 흙을 입은 이는 빛을 낼 수 없었으니
그 증거가 그대.
하지만 하나님 형상을 입은 이는 빛을 낼 수 있으니
그 증거가 모세,
그 얼굴에서 광채가 나 수건으로 가렸는지라 (출 34:34)

때는
출애굽 exodus을 한 이후
광야가 아닌 시내산 위, 구름 속에 있었을 때
사람들이 아닌 하나님과 함께 했을 때
육체의 양식이 아닌 영의 양식을 먹었을 때
흙이 아닌 하나님의 형상을 입었을 때
그리고 내려와 사명을 감당했을 때

그를 빛나게 하신 하나님을 찬양할지어다, 셀라.

출애굽 34:29 모세의…얼굴 피부에 광채가 나나 깨닫지 못하였더라

2
빛이신 예수님을 찬양할지어다.
그가 태초에 하나님과 함께 계셨고, (요1:2)
어둠에 비취되 어둠이 깨닫지 못하였도다, 셀라 (요 1:5)

흙을 입으신 예수님께서는 빛날 수 없었으니
그 증거가 그를 알아보지 못했던 그대.
하지만 하나님의 형상이신 그는 빛날 수 있었으니
그 증거가 영광으로 빛나던 예수님.
얼굴이 해 같이, 옷이 희게 빛나셨는지라(마 17:2)

때는
예수님께서 별세 exodus*를 앞둔 때
예루살렘에서 구원의 비전 실현을 앞두신 때
높은 산에 오르셔서 기도 하신 때
모세와 엘리야와 대화 나누 신 때
구름 속에서 소리가 나서,
이는 나의 아들 곧 택함을 받은 자니
너희는 그의 말을 들으라 하시던 때 (눅9:33)

그의 빛을 알게 하신 이를 찬양할지어다, 셀라.

*출애굽을 말하는 그리스 원어, **엑소더스**는 떠난다는 뜻이다.
주님의 별세, 떠나심은 이 말의 명사형 **엑소돈**을 쓴다.

3
그대에게 빛을 주신 이를 찬양할 지라.
열방이 네 빛으로,
열 왕이 비취는 네 광명으로 나아오게 하셨느니라 *(사 60:3)*

흙을 입은 이는 빛을 낼 수 없었으니
그 증거가 그대.
하나님 형상을 입은 이는 빛을 낼 수 있으니
그 증거가 그대,
그대 빛이 이르고, 여호와의 영광이 임하였음이니라 *(사 60:1)*

때는
예수님께서 십자가에서 별세 exodus하신 이후
예수님께서 그 피로 죄를 덮어 거룩하게 하신 이후

아버지께서 거룩해진 그대와 화해 하신 이후
아버지께서 그대에게 비전을 주신 이후

성령님께서 그대를 성전으로 삼으신 이후
성령님께서 그대에게 은사와 열매를 주신 이후

그대가 일어나 빛을 발한 이후
그대가 비전을 실현하고, 사명을 감당한 이후

그대로 하여 빛 되게 하신 이를 찬양하라, 셀라

4
빛이신 하나님을 찬양할지어다.
빛이신 어린양을 찬양할지어다, 셀라.

그 때,
그 곳에서는

다시는 낮에 해가 네 빛이 되지 아니하며
달도 네게 빛을 비취지 않을 것이요
오직 여호와가 네게 영영한 빛이 되며
네 하나님이 네 영광이 되리니 *(이사야 60: 19)*

이는 하나님의 영광이 비취고
어린 양이 그 등이 되심이라.
만국이 그 빛 가운데로 다니고
땅의 왕들이 자기 영광을 가지고
그리로 들어오리라 *(계 21:23-24)*

빛이신 하나님을 찬양할지어다.
빛이신 어린양을 찬양할지어다, 셀라.

섬세하신 하나님

성막에 대한
실들의 색깔
가죽의 크기
보석의 순서
기구들 모양
죄들의 종류
동물들 이름
성막의 구조
제사장 복장
제사들 방식
위생적 처리
거룩할 방법

우주 밖, 멀리 계신 것이 아니라
모든 것을 아시고 공급하시는 분.

출애굽 35:35 지혜로운 마음을 그들에게 충만하게 하사 여러 가지 일을 하게 하시
되 조각하는 일과 세공하는 일과 청색 자색 홍색 실과 가는 베 실로 수 놓는 일과
짜는 일과 그 외에 여러 가지 일을 하게 하시고 정교한 일을 고안하게 하셨느니라

우리의 이름
우리의 기질
우리의 열망
우리의 아픔
우리의 죄악
우리의 회개
우리의 거룩
우리의 자원
우리의 특기
우리의 미래
우리의 비전
우리의 완성

관심 밖, 멀리 계신 것이 아니라
모든 것을 아시고 동행하시는 분.

마태복음 10:1 예수께서 그의 열두 제자를 부르사 더러운 귀신을 쫓아내며
모든 병과 모든 약한 것을 고치는 권능을 주시니라
10:30 너희에게는 머리털까지 다 세신 바 되었나니

광야의 풍요

1
여호와 하나님을 찬양할지어다.

그는 바로가 죽이라 함으로
수많은 아가들이 갈대 상자를 타고
홀로 떠났던 죽음의 바다를 가르고
모든 이스라엘을 구원하셨도다.

그는 이스라엘이 짊어지고 옮기던
피라미드 육중한 돌의 무게로
바로의 빠른 전차들과 그 군대를
홍해 물속에 잠기게 하셨도다.

그는 물이 없다고 원망하던 이들,
섬길 신이 없다고 금송아지를 만들고
경박한 광란의 춤을 추던 이들을
허무한 연기의 춤같이 소멸하셨도다.

언약 속에 있는 이들을 악에서 구하시고,
언약에 속한 그들의 죄를 용서하시되
사악한 자의 악에 속하고 그에 속은
간악한자들을 멸하시는 이를 찬양할지어다, 셀라.

출애굽 36:7 있는 재료가 모든 일을 하기에 넉넉하여 남음이 있었더라

2
여호와 하나님을 찬양할지어다.

그는 구름으로, 불로 임하여
호렙산 떨기 나무를 불타게 하시고
이스라엘을 비전으로 불타게 하시고
모세의 얼굴에 광채를 주셨도다.

그는 바위를 갈라 물을 내시고
아침 광야에 맛난 만나가 넘쳐나고
저녁 장막에 메추라기가 넘쳐나서
이스라엘에 찬송이 넘치게 하셨도다.

그는 성막을 지을 사람이 넘치게
성막을 짓는 그들의 지혜가 넘치게
성막을 짓는 자원 예물이 넘치게 하셔
황량한 광야를 풍요케 하셨도다, 셀라.

얼굴의 광채를 주는 것이 화장이 아니요
마음의 노래를 주는 것이 쾌락이 아니요
광야의 풍요를 주는 것이 땅이 아닌 것을
알게 하신 이를 찬양할 지어다, 셀라.

성소: 문,떡,빛,향

1
동쪽에 천사 휘장.
북쪽에 진설병 상.
남쪽에 일곱 등잔.
서쪽에 분향단.

2
벽이 부드러워지니 문.
곡식이 부수어지니 떡.
기름이 불타오르니 빛.
진액이 타들어가니 향.

3
천국 문으로 오신 예수님.
천국 떡으로 오신 예수님.
천국 빛으로 오신 예수님.
천국 향으로 오신 예수님.

출애굽 37:29 거룩한 관유와 향품으로 정결한 향을 만들었으되
향을 만드는 법대로 하였더라

4
몸이 갈라지니 보좌로
몸이 잘라지니 성찬이
몸에 구멍이 나니 빛이
몸이 으깨어지니 향이

5
우리가 들어가야 할 문.
우리가 먹어야 할 떡.
우리가 쬐어야 할 빛.
우리가 마셔야 할 향.

6
우리가 보여줘야 할 문.
우리가 나눠줘야 할 떡.
우리가 비춰줘야 할 빛.
우리가 드리워야 할 향.

7
우리가 부드러워지니 문.
우리가 부수어지니 떡.
우리가 불타오르니 빛.
우리가 타들어가니 향.

고린도전서 11:23 내가 너희에게 전한 것은 주께 받은 것이니 곧 주 예수께서 잡히시던 밤에 떡을 가지사
고린도전서 11:24 축사하시고 떼어 이르시되 이것은 너희를 위하는 내 몸이니 이것을 행하여 나를 기념하라 하시고

지성소 묵상

1
지성소 중앙엔 황금 법궤.
법궤 안엔 언약의 돌판,
만나 항아리, 싹 난 지팡이.
법궤 위엔 황금 두 천사.
두 천사 중앙엔 시은좌.

2
언약의 돌판은 언약의 하나님.
만나 항아리는 공급의 하나님.
아론 지팡이는 기적의 하나님.
황금의 법궤는 보호의 하나님.

두 날개 천사는 영광의 하나님.
은혜 속죄소는 용서의 하나님.
영광 시은좌는 은혜의 하나님.

출애굽 37:9 그룹이 그 날개를 높이 펴서 그 날개로 속죄소를 덮었으며
그 얼굴은 서로 대하여 속죄소를 향하였더라

3
그대의 일기와 심비에 쓰여진 것은 무엇인가?
그대의 냉장고와 창고에 싸인 것은 무엇인가?
그대의 특기와 재능은 무엇인가?
그대의 인생은 정금 같은 진리로 감싸여 있는가?

그대의 천사는 그대를 위하여 무슨 기도를 드리겠는가?
그대는 하나님께 어떤 속죄를 드리는가?
그대는 하나님께 어떤 은혜를 받기 원하는가?

4
지성소의 비밀은 용서의 은혜뿐이 아니라
은혜 위에 은총을 구하는 것이니
은혜는 자격 없는 이에게 값없이 주시는 것이고
은총은 사랑 하는 이에게 특별히 주시는 것이라.

은혜로 모든 이스라엘이 출애굽을 했지만
은총으로 모세가 이스라엘을 인도한 것이라.

특별한 건축물들

1
세상에 매우 특별한 건축들이 있는 중에

하늘들과 지구는 하나님께서 설계하시고
하나님께서 직접 만드신 것.
에덴 동산도 직접 설계하시고 만드신 것.

방주는 하나님의 설계에 따라 노아가 만든 것.
성막은 하나님의 설계에 따라 모세가 만든 것.
성전은 하나님의 설계에 따라 솔로몬이 만든 것.

그러나 인간들이 그 건축물들만 바랄 뿐
그 건축물을 통해 주신 비전과 사명을 모르고
죄에 깊어 가니 그의 시름도 깊어 갔다네.

출애굽기 38:24 성소 건축 비용으로 들인 금은 성소의 세겔로
스물아홉 달란트와 칠백삼십 세겔 (총 1톤, 약 610억원 가치)이며
창세기 6:15 네가 만들 방주는 이러하니 그 길이는 삼백 규빗, 너비는
오십 규빗, 높이는 삼십 규빗이라

출애굽기 26:30 너는 산에서 보인 양식대로 성막을 세울지니라
역대상 28:19 다윗이 이르되 여호와의 손이 내게 임하여
이 모든 일의 설계를 그려 나에게 알려 주셨느니라

2
하여 눈에 보이지 않는 두 건축물을 주셨으니, 곧,
예수의 피로 씻어 성령의 전으로 세워진 성도들과
예수의 몸으로 지어 성령의 비전으로 세워진 교회들.

그럼으로 참된 교회는 돌 건축물이 아닌
비전에서 만나고 사명을 위해 흩어진다네.
원숭이들은 건물에서 만나는 흉내를 낸다네.

눈에 보이지 않는 하나님의 비전을 받고
눈물에 보이는 하나님의 전을 건축하는 이들에게
선물로 다가 올 실현된 비전, 완성된 전,

이것이 매우 특별한 성, 새 예루살렘이라네.

고린도전서 3:16-17 너희는 너희가 하나님의 성전인 것과 하나님의
성령이 너희 안에 계시는 것을 알지 못하느냐 누구든지 하나님의 성전을
더럽히면 하나님이 그 사람을 멸하시리라 하나님의 성전은 거룩하니
너희도 그러하니라.

계시록 21:2 또 내가 보매 거룩한 성 새 예루살렘이 하나님께로부터
하늘에서 내려오니 그 준비한 것이 신부가 남편을 위하여 단장한 것 같더라

상상하라, 그러나 상상 이상을 기대하라

1
상상이나 했던가?
우리가 애굽의 노예가 아닌 다른 것을
우리가 홍해 해변에서 해돋이를 볼 것을
우리가 주의 구름기둥과 불기둥을 볼 것을
우리가 자유롭게 만나와 메추라기 먹을 것을

상상이나 했던가?
어떤 신이 직접 생명의 법을 써 주셨던가
어떤 신이 직접 성소의 설계를 주셨던가
어떤 신이 직접 성물의 설계를 주셨던가
어떤 신이 직접 성결의 설계를 주셨던가

상상이나 했던가?
우리가 어떻게 여호와의 백성이 되었던가
우리가 어떻게 여화와의 언약이 되었던가
우리가 어떻게 여호와의 기쁨이 되었던가
우리가 어떻게 여호와의 제사장이 되었던가

상상이나 했던가?
우리가 무엇을 기도하든
우리가 무엇을 기대하든
우리가 무엇을 기다리든
상상 이상을 주시는 이가 여호와시라, 셀라.

출애굽 25:40 너는 삼가 이 산에서 네게 보인 양식대로 할지니라
26:30 너는 산에서 보인 양식대로 성막을 세울지니라

2
상상하라! 그러나 상상 이상을 기대하라!
하나님의 상상인, 그의 비전을 받을 지니
인간들의 상상은 이상한 것이지만
하나님의 상상은 비상한 것이어서
상상하지 못한 것을 보게 될지라.

하나님의 상상은 우리에게 언약이 되고
하나님의 언약이 우리에게 비전이 되나니
하나님의 비전에 우리들이 순종하고,
그 비전의 사명에 우리들이 참 종이 될 때
하나님께서 우리의 상상을 초월하여 일 하시나니
우리의 그 비전을 위해 사명을 품고 일 하시나니.

그것이 노아가 품은 비전속의 방주,
그것이 하나님께서 사명으로 완성하신 홍수 속의 구원
그것이 모세가 품은 비전속의 출애굽
그것이 하나님께서 사명으로 완성하신 홍해 속의 구원
그것이 하나님의 비전과 그대가 완성되는 방식.

상상하라! 그러나 상상 이상을 기대하라:
인간 이상의 하나님의 형상을!
현실 이상의 하나님의 나라를!
상상 이상의 하나님의 비전을!
그 비전 그대로 그대가 완성되리라, 셀라.

출애굽 39:43 모세가 그 마친 모든 것을 본즉
여호와께서 명령하신 대로 되었으므로 모세가 그들에게 축복하였더라

구약 성막의 비밀

1
"그대로 되니라."
창조 때,
하나님 말씀이 그대로 되었다는
것을 6번 강조하셨고,
하나님께서 심히 기뻐하셨느니라, 셀라.
(창세기 1:7, 1:9, 1:11, 1:15, 1:24, 1:30)

"명령하신 대로 되니라."
성막을 지을 때,
여호와께서 모세에게 명령하신 대로 되었다는 것을
6번 강조하셨고
하나님께서 기뻐 광야를 앞서 행하셨느니라, 셀라.
(출애굽기 40:19, 40:21, 40:23, 40:25, 40:27, 40:32)

창세기 1:7 하나님이 궁창을 만드사
궁창 아래의 물과 궁창 위의 물로 나뉘게 하시니 **그대로 되니라**

2
이 반복과 대칭성이 말해주는 것은
지구의 창조가 위대했던 것처럼
성막의 창조가 위대했다는 것이라.

지구는 인간이 거하기 위하여 하나님께서,
성막은 하나님께서 거하시기 위하여 인간이
처음 만들어 드린 것이기에 고귀한 것이라.

지구는 비전을 가지시고 명하신 그대로
성전은 비전을 주시고 명령하신 그대로
그렇게 하늘의 뜻이 땅에 이루어 졌음이라.

이를 알게 하신 이의 뜻에 따라 알지니
하나님의 주신 비전이 만물 보다 귀하고
하나님께 드린 순종이 제사 보다 귀한 것이라, 셀라.

출애굽기 40:19 또 성막 위에 막을 펴고 그 위에 덮개를 덮으니
여호와께서 모세에게 명령하신 대로 되니라

신약 성전의 비밀

1
"응하게"
십자가에서 새 성전을 지으실 때
이미 예언 된 말씀들이 그대로
이루어지고 응하게 하신다는 것을
8번 강조하셨고 기쁨으로
용서의 피를 흘리셨느니라, 셀라.
(요한복음 13:18, 15:25, 17:12, 18:9, 18:32, 19:24, 19:28, 19:36)

"이기는 자에게는"
종말에 이전 세상을 다 허무시고
새 하늘과 새 땅을 창조하시고
새 예루살렘 성전을 건축하실 때
함께 할 이기는 자들을
8번 강조하고 기쁨으로
황금의 성전을 준비하셨느니라, 셀라.
(계시록 2:7, 2:11, 2:17, 2:26, 3:5, 3:12, 3:21: 21:7)

요한복음13:18 내가 너희 모두를 가리켜 말하는 것이 아니니라
나는 내가 택한 자들이 누구인지 앎이라 그러나 내 떡을 먹는 자가
내게 발꿈치를 들었다 한 성경을 응하게 하려는 것이니라

2
예수님께서 상상할 수 없는 일을 행하셨으니
성전 된 자신의 몸을 버려, 인간을 성전으로
삼으시고, 성막 대신 하나님께 드린 것이라.

이로써 하나님의 한 비전이 완성되었고
이로써 예수님의 한 사랑이 완성되었고
이로써 성령님의 한 역사가 완성되었느니라.

그러나 아직 끝은 아니어서 자기의 십자가를
지고 피를 흘리기까지 싸워 이겨야 하는지라.
그들의 피와 땀과 눈물을 영원히 씻기실 것이라.

하나님께서 상상할 수 없는 일을 행하실 것이니
새 하늘과 새 땅, 새 예루살렘이 예비될 것이라.
이곳에서 모든 비전과 사랑이 완성될 것이라, 셀라.

계시록 2:7 귀 있는 자는 성령이 교회들에게 하시는 말씀을 들을지어다
이기는 그에게는
내가 하나님의 낙원에 있는 생명나무의 열매를 주어 먹게 하리라

두 출애굽 1

모세가 애굽 궁중 생활 40년 후에
혼자 애굽을 탈출하였으니
그가 애굽인을 쳐 죽이고 모래에 묻고
출애굽을 하여 미디안 광야로 가서
제사장을 만나 그의 집에 거한 것이라.
그가 광야에서 40년을 이드로의 양을 치며
하나님의 구원을 구하였더라.

모세가 미디안 광야 생활 40년 후에
민족과 같이 애굽을 탈출하였으니
그가 애굽인들을 물속에 묻고
출애굽하여 미디안 광야로 가서
제사를 지내고 성막을 건축한 것이라.
그가 광야에서 40년을 이스라엘 양을 치며
하나님의 구원을 선포하였더라.

첫 것은 나중 것의 준비였으나
첫 것이 나중을 알지 못하였도다.
이처럼 하신 이는 하나님이시니
모세가 살 바를 몰랐으나 살았고
모세가 갈 바를 몰랐으나 떠났고
모세가 비전을 몰랐으나 받았고
모세가 능력이 없었으나 행했고
모세가 그같이 기쁨으로 행하니
주께서 모세를 강력하게 하시고
주께서 순종을 기뻐하셨느니라, 셀라.

출애굽 12:41 사백삼십 년이 끝나는 그 날에
여호와의 군대가 다 애굽 땅에서 나왔은즉

두 출애굽 2

누가복음9:31 예수께서 예루살렘에서 별세 exodus 하실 것을 말할새

모세는 하나님의 자녀로 애굽의 왕자가 되었다가
다시 하나님의 종이 되어 애굽 종 된 이스라엘을
첫 유월절에 출애굽 exodus 함으로 탈출시킨 것이라.

예수님은 하나님의 독생자로 본체가 하나님이셨으나
종의 형체를 입으시고 죄와 죽음의 종 된 인류를
마지막 유월절에 별세 exodus* 하심으로 탈출시킨 것이라.

모세는 어린양을 잡아 희생양을 드렸고
예수는 어린양이 되어 희생양을 드렸고
모세는 홍해에서 물세례를 베풀고
예수는 성령으로 불세례를 베풀고

모세는 성막을 지어 드려 대제사장이
대신 지성소에 가서 하나님을 뵙게 하고
예수는 성막을 찢어 드려 성도들이
직접 하나님께 나갈 수 있게 하셨느니라.

이로써 에덴에서 시작하신 일을 애굽을 거쳐,
예루살렘을 거쳐 새 예루살렘에 이르게 하시니라, 셀라.

*출애굽을 말하는 그리스 원어, **엑소더스**는 떠나다, 탈출하다는 뜻이다.
 주님의 별세, 떠나심은 이 말의 명사형 **엑소돈**을 쓴다.

누가복음 9:31 예수께서 예루살렘에서 **별세 exodus** 하실 것을 말할새

POSTLUDE : 성전 봉헌과 모세 회상

하늘이여 귀를 기울이라 내가 말하리라
땅은 내 입의 말을 들을지어다 *(신명기 32:1)*

바로의 죽음의 저주를 받던 너희가
하나님의 생명의 복을 얻게 되었도다.

스스로 억압된 우상 숭배자들의 노예에서
스스로 계신 하나님의 자유자가 되었도다.

너희가 하나님의 공급하심에 감사하여
거하실 성막을 건축하는 자가 되었도다.

그는 우주를 지으시고, 소유 하신 분이시나
너희가 드린 작은 성막을 기뻐하셨도다.

이에 그 전능자가 어찌 복 주신 것을 알지니
너희와 동행하여 너희를 형통케 하셨느니라.

그가 너희가 멘 성막에 앞서 광야를 행하셨으니
너희를 노예가 아닌 예배자로 기뻐하셨느니라.

그러므로 호흡하는 모든 것들은 손을 들지어다,
목소리 높여 주를 찬양하고, 아멘, 아멘 할 지어다, 셀라.

출애굽 40:33 모세가 이같이 역사를 마치니
출애굽 40:38 낮에는 여호와의 구름이 성막 위에 있고
밤에는 불이 그 구름 가운데에 있음을 이스라엘의 온 족속이
그 모든 행진하는 길에서 그들의 눈으로 보았더라

하늘이여 귀를 기울이라 내가 말하리라
땅은 내 입의 말을 들을지어다 *(신명기 32:1)*

그가 나를 물 위에서 건져내게 하시고
그가 나를 물 가운데 걸어가게 하셨도다.

그가 바다를 갈라 길을 내시고
그가 바위를 갈라 물을 주셨도다.

그가 출애굽으로 노예에서 자유케 하시고
그가 시내산에서 죄악에서 자유케 하셨도다.

그가 율법을 통해 진리를 주시고
그가 성막을 통해 용서를 주셨도다.

그가 너희를 선으로 돌이키사 자녀를 삼으시고
그가 너희를 전으로 돌이키사 제사장 삼으셨도다.

우리의 목적지는 가나안의 젖과 꿀이 아니라
가난한 마음이 찾는 지성소인 것을 알지어다.

삶의 지성소에서 그와 동행하면 그가 행동하사
삶을 소생시키시며 모든 행사를 형통케 하시리라, 셀라.

신명기 32:7 옛날을 기억하라 역대의 연대를 생각하라
네 아버지에게 물으라 그가 네게 설명할 것이요
네 어른들에게 물으라 그들이 네게 말하리로다

EPILOGUE : 저자의 에필로그

감사

돌아보건데 출애굽을 묵상하면서 아침 마다 영감을 받았던 날들은 참으로 행복했었다. 감사 시로 영광을 돌리길 원했던 기도를 들어 주신 주님께서 모든 영광을 받으실 일이다. 그리고 이 시대를 위한 새로운 출애굽의 비전을 주시고, 그 사명을 감당하기 위하여 모든 것을 내려 놓고 준비하는 나에게 생각지 않았던 출애굽 시편들의 영감을 주시고, 시에 담긴 하나님의 비전을 나누게 하심에 감사를 드린다.

여기에 쓴 시들은 내 능력으로 쓴 것이 아니라, **주신 영감으로 쓴 것이기에 내가 자랑할 것이 없다.** 그러므로 여전히 가난한 마음으로 주님의 풍요에 나아가고, 그 안에서 그의 풍요를 누린다.

비전과 비전 멘토링

독자들에게 간절하게 부탁의 말씀을 드릴 것은 혹시 이 시들을 통하여 조금이라도 감동을 받으셨다면, 주님께 함께 영광을 돌려 주시고, 기억해 주시고, 기도해 주시고, 기대해 달라는 것이다. 기억하고, 기도하고, 기대할 것은 **비전 멘토링"** 이다.

나는 **제자입니까?**라는 책으로 한국에도 유명한 **후안 카를로스 오르티즈** 박사와 함께 학교 행정을 섬겼고, 또한 수업을 함께 개발하고 함께 인도하고 대화 나누면서 그의 멘토링을 받았었다. 그는 나에게 자신의 삶에 있었던 많은 이야기를 해주면서 미래를 준비하도록 하셨다. 그 축복을 혼자 다 받으면서 나는 이 시대를 위한 더 본질적이고 효과적인 제자훈련 방식을 위하여 기도를 했었다.

내가 존재의 밑 바닥에서 나의 할 일, 갈 길을 물었던 적이 있었다. 그 때 주님께서 나에게 비전의 미래를 보여주시고, 일으켜 세워주셨다. 그리고 그 비전을 어떻게 이루어 할지 오래 기도를 드렸을 때 **"비전 멘토링"** 이라는 영감을 주셨다. 처음엔 성경적 용어가 아니어서 시큰둥하게 반응했었다. 그런데 기도하며 영감을 구할 수록 놀라운 것들을 깨닫게 해주셨다.

비전 멘토링의 개념은 간단하다. 하나님께서 개인에게 주신 비전을 알아차리고, 먼저 그 일을 완성한 멘토를 통하여 그 비전 실현을 지도받는 것이다. 예를들어 출애굽을 시작한 모세가 출애굽 과정을 통하여 여호수아를 멘토링하는 것이다. 이것은 사실 인류 모두가 받을 수 있는 최고의 교육 방법이다. 그리고 이것은 하나님께서 인간에게 정해놓으신 교육의 법칙이다.

현실을 보라! 특별히 청소년들이 궁전과 광야에서 혼돈에 빠졌던 모세와 같이 정체성 혼돈, 삶의 미래에 대한 혼돈 속에 있다. 이제 곧 주님을 얼굴과 얼굴로 만날 어른들도 마찬가지이다. 모세는 80세이 비전을 받았고, 주님께 비전 멘토링을 받았고, 여호수아에게 비전 멘토링을 해주었다.

상상해보라! 모든 사람들이 하나님께서 주신 개인적 비전을 알아서, 가슴 뜨거워지고, 멘토의 지도를 받으며 자신을 실현하고, 세상에 기여하는 모습을. 우리 각자가 비전 멘티가 되고, 또한 성장하여 비전 멘토가 되어, 각 비전의 영역에서 모세, 요셉, 여호수아, 다니엘, 에스더, 베드로와 바울과 같은 비전 멘토들을 만들어 내야 한다. 감사한 것은 이런 방법들이 모두 성경 안에 있다. 그 근거와 구체적인 내용과 실천 방법들을 앞으로 나올 책들을 통하여 확인하게 될 것이다.

출애굽기의 하나님과 모세

출애굽기엔 여전히 광산처럼 은혜받고 영광을 돌릴 내용이 너무나 많다. 지면상 다 쓰지 못한 것들은 앞으로 나올 책들에서 확인 하시게 될 것이다. 그리고 무엇보다 이제 여러분의 삶에서 쓰이기를 간구한다. 하나님께서 출애굽을 이끄시면서 가지셨던 기대를 이제 우리 각자의 삶속에서 완성하여 할 때이다.

모세는 특이한 출생과 성장으로 인하여 정체성 혼돈을 가졌던 사람이었다. 그와 하나님의 대화엔 그런 것들의 흔적을 구체적으로 발견할 수 있다. 그가 어떻게 그 정체성 혼돈을 극복하고 유대의 지도자가 되었는가를 앞으로 나올 책, **비전의 서: 비전 있어?** 에서 발견하게 될 것이다. 한 사람이 하나님께 비전을 받으면 그 개인뿐만 아니라 공동체와 역사를 바꾸는 것을 알게 될 것이다.

모세가 어떻게 자신의 멘티인 여호수아에게 비전 멘토링을 해줌으로써 그가 하나님께 받은 비전을 전수하고, 완수하게 하셨는지를 곧 출판될 책, **비전 멘토링 바이블**에서 확인하게 될 것이다. 그리고 이 모든 것을 인도하시는 하나님을 만나게 될 것이다.

기도

아버지의 뜻이 하늘에게 이루어 진것 같이, 땅에서도 독자들의 삶을 통하여 이루어 지기를 간구한다. 곧 출판될 책들을 통하여, 그리고 뮤지컬, 엑소더스와 비전 멘토링의 모임을 통하여 다시 만나기를 기도한다.

샬롬. 샬롬, 샬롬.
dr.shalom@gmail.com

샬롬 김 박사의 주요 저서들

크로스 시크릿 - 예수의 수의 수건
그리고 가족 무덤 : 비밀 · 진실 · 의미

저자 : 샬롬 김
출판사 : 요단출판사
2008.02.29 | 280p

다빈치 코드등을 통하여 믿음을 현혹하는 세대에 주
시는 예수님의 십자가 고난의 물적 증거. 역사가 감
춘, 그러나 과학적 증명과 더불어 드러난 선물에 담긴
놀라고 감격할 예수님 피의 기록, 사랑의 기록.

크로스 코드 - 암호로 본 성경,
그 해독된 비밀

저자: 샬롬 김
출판사: 비전북하우스
2009.11.18 | 310p

성경은 누구나 읽을 수 있지만 누구나 다 이해할 수
있지 않다. 예수님께서 제자들에게 알려주신 암호 해
독법을 적용하여 풀어낸 십자가의 칠언. 상상치 못했
던 심오한 영적 깊이가 드러난다.

2019 출판 예정	비전의 서 : 비전 있어? 비전 멘토링 바이블 비전 찾기 웍 북/비전 전략 세우기 웍 북 최고 창조의 신/최고 경영의 신 하나님의 형상/하나님의 나라 비전 네비게이션 스케줄러 시로 쓴 전도서 (시) 시로 쓴 아가서 (시) 길을 찾는 그대에게/비전을 찾는 그대에게 (시)

시편형식의 큐티 출애굽기

초판인쇄일 | 2018. 12. 25.
초판발행일 | 2018. 12. 31.

글쓴이 | 샬롬 김
펴낸이 | 배 수 영
만든곳 | 도서출판 러빙터치
펴낸곳 | 도서출판 러빙터치

등록 | 제25100-2016-000073호(2014.2.25)
서울 서대문구 성산로 367-13, B02호(연희동)
010-3088-0191/ 02)745-0190
E-mail | pjesson02@naver.com

Copyright ⓒ 2018 by Shalom Kim
Printed in Korea
1-213-926-3425
E-mail: dr.shalom@gmail.com

ISBN 979-11-953564-5-4

「이 도서의 국립중앙도서관 출판예정도서목록(CIP)은 서지정보유통
지원시스템 홈페이지(http://seoji.nl.go.kr)와 국가자료공동목록시스템
(http://www.nl.go.kr/kolisnet)에서 이용하실 수 있습니다(CIP제어번호:
CIP2018042373)」

저자 샬롬 김

풀러신학대학원 인성, 문화, 신학 전공 Ph.D.

· 샬롬지수 Shalom Quotient 개발
· Shalom Center for T.R.E.E. of Life: Therapy, Research, Education & Empowerment 설립자
· 전 미주복음 방송국 토크쇼 진행 및 컬럼리스트
· 전 쉐퍼드대학교 총장
· 미국 개혁 장로 교단 (미국CRC) 목회자 정신건강 감정사
· 현재 비전 멘토링 인터내셔널 대표 (LA)

저서

· Human Suffering & Divine Shalom
· 크로스 시크릿
· 크로스 코드
· 전인건강측정 SQ, Shalom Quotient 등

연락처

dr.shalom@gmail.com
https://www.facebook.com/dr.shalom

Psalms of Exodus

시편형식의 큐티 출애굽기

위대한 일을 시작하는 사람들을 위하여

지은이_샬롬 김/ Shalom Kim
발행처_도서출판 러빙터치
전화_010.3088.0191
공급처_미스바출판유통
전화_031.992.8691/ 팩스_031.955.4433

값 10,000원